JN102251

起業の道標
みちしるべ

上場までのストーリー

BCC株式会社 代表取締役社長
中小企業診断士
伊藤一彦 著 | *Kazuhiko ITO*

中央経済社

はじめに

　2021年7月6日、東京証券取引所の上場セレモニーにて、念願の鐘を鳴らすことができました。いまでも目を閉じると、あの鐘の音が心の中で鳴り響きます。2002年3月6日に創業してから、実に19年と4か月後に上場を実現した瞬間でした。

　振り返ると、経営者となってからの20年間で本当に数多くの方々と出会い、支えてもらいました。経営者にならなければ経験することがなかったであろう数多くのつらい想いと悲しみ、いくつかの楽しい想いと喜び。その両方を鮮明に記憶しているうちに文章に残し、後世に伝えていくことが、支えてもらった方々への恩返しであり、自らの使命だと考えています。

　私は、「経営者とは尊い職業である」と考えています。

　経営者という職業は、必ずしも楽しいだけのものではありません。むしろ、つらいことのほうが多いかもしれません。しかし、経営者という職業は人を成長させてくれます。少なくとも私はそう信じています。

　数多くの困難を数多くの方々に支えてもらい、乗り越えるたび、謙虚な姿勢を学ぶ機会となりました。そして数多くの困難を、これまた数多くの奇跡と幸運に助けてもらい、乗り越えるたび、ご先祖様と神様に感謝する気持ちを学ぶ機会となりました。

　もちろん、まだまだ至らぬ身ではありますが、この謙虚な姿勢と感謝の気持ちこそ、経営者にとって大切であるということは理解できるようになりました。

　私が経営者として出会った困難を、どのように乗り越えてきたのかを伝えていくことで、「転ばぬ先の杖」にしてもらえればと考えています。いえ、転ぶ

ことは悪いことばかりではないかもしれません。むしろ、七転び八起きするほうがよいかもしれません。いずれにせよ、経営者となり転んだときに本書のことを思い出し、起き上がるときの杖として使ってもらえれば本望です。

　本書は、単なる一経営者の回顧録ではなく、再現性をもって経営を学ぶことができるようにしたいと考えて書き始めました。

　自らの創業からの歴史を振り返り、そこで起きた出来事から学んだことを経営理論に沿って補っていくことにしました。そうすることで、読みやすく、かつ、具体的なイメージを持ったうえで、経営に必要な知識を自然に理解していくことができると考えています。

　また、経営者として自らの企業を成長させていく傍ら、中小企業診断士の資格を取得し、政府や行政などの公的機関からの依頼による講演や研修、そして、100社を超える中小企業の審査や支援を行なってきたことで得られた知識や経験も余すことなく伝えていきたいと思っています。

　どうか、本書が皆さんの人生に少しでも役立ち、経営の道標となりますことを心から願っています。

2023年7月吉日

ＢＣＣ株式会社

代表取締役社長　伊藤　一彦

目　次

はじめに　i

第1章　会社という存在

■人はなぜ働くのか …………………………………………………… 2

■会社とは何か ………………………………………………………… 8

■経営視点を身につける ……………………………………………… 9

■経営は矛盾との戦い ………………………………………………… 12

第2章　事業計画の作り方　―会社の道標―

■なぜ、事業計画が必要なのか ……………………………………… 14

■事業ドメインを考える ……………………………………………… 15

■ポジショニング ……………………………………………………… 20

■新規事業に必要なビジネスアイデア ……………………………… 21

■ビジネスモデルは儲けるための仕組み …………………………… 24

■ビジネスプランの礎 ………………………………………………… 30

■成功するためのビジネスプランの策定 …………………………… 35

■目標達成のためのKPI（業績評価指標）の設定 ………………… 41

■バランス・スコアカードの活用 …………………………………… 42

■事業計画の策定 ……………………………………………………… 57

■新規事業が生まれるとき …………………………………………… 65

■その事業は10年先も存在しているか ································· 67

第3章　資金調達の方法　―ステージ別の実例―

■資金調達を成功させるために重要なこと ···························· 70
■創業期（2002年〜）の資金調達 ································· 71
■成長期（2005年〜）の資金調達 ································· 75
■停滞期（2009年〜）の資金調達 ································· 79
■変革期（2012年〜）の資金調達 ································· 88
■飛躍期（2016年〜）の資金調達 ································· 102

第4章　経営者とマネジメント

■経営者に求められる資質 ······································· 108
■組織に必要なマネジメント ····································· 124

第5章　IPOの実現　―上場への道標―

■上場するとは ·· 138
■なぜ多くの経営者は上場を目指すのか ························· 139
■IPOとは ·· 140
■外部支援機関の助言は不可欠 ································· 144
■当社の上場への道のり ·· 145
■最初のハードル「資金調達」 ··································· 158
■融資と投資を知る ·· 160
■補助金と助成金を知る ·· 162
■ベンチャーキャピタルを知る ··································· 165

■ベンチャーキャピタルからの投資 ……………………………… 169

■資本政策を学ぶ ………………………………………………… 173

■ストックオプションと持株会の考え方 ……………………… 177

■上場への道標 …………………………………………………… 179

あとがき　183

企画協力：

株式会社リンケージ　代表取締役　岩村　信寿

第1章
会社という存在

はじめに、会社という存在について考えてみたいと思います。

「会社を経営する」などというように、会社と経営には深い関係があります。しかし、「会社＝経営」ではありません。

本章では、「人が働く理由」と「経営視点」という2つの側面から、会社という存在について考えていきます。

■人はなぜ働くのか

まず、私自身の働く理由を振り返ることで、「人はなぜ働くのか？」というテーマについて考えてみたいと思います。

私が大学時代に初めてアルバイトをしたとき、働く理由は2つあったように思います。

1つ目は、ズバリ「お金のため」です。学生生活を謳歌するため、遊びに行ったり、車を買ったりするためのお金が欲しかったのです。

2つ目は、「自分の成長のため」です。将来、学校の先生になりたかった私は、塾の講師など将来に役立ちそうなアルバイトを選んでいました（しかし、実際には学校の先生にはならずに一般企業に就職することになるのですが…）。

その後、大学を卒業し、新社会人として日本電気株式会社（以下、NEC）に就職したときも、働く理由は、同じように2つであったように思います。

1つ目は、やはり「お金のため」です。社会人として生活していくためにお金は必要です。

2つ目も同じく、「自分の成長のため」です。将来、独立して経営者になりたいと思っていた私は、IT業界の知識を学び、大企業の組織を学ぶため、それに合った就職先を選びました。

こうして振り返ってみると、私が組織で働いていたときの理由は、「お金のため」と「自分の成長のため」の2つが中心でした。いま、当時の私にアドバイスできるならば強く言ってやりたいです。「もっと視野を広げて働く理由を

2

考えてみてはどうか」と。

　続いて、経営理論を交えながら、働くことの普遍的な理由について考えてみます。

　そもそもなぜ人は働くようになったのでしょうか？　いつから働き始めたのでしょうか？

　人が集団で生活するようになり、それぞれが役割を持ったときから仕事の歴史は始まっています。

　例えば、「あなたが狩りで獲ってきた動物と、私が森で採ってきた木の実を交換しませんか？」といった物々交換が商売の始まりであり、集団生活における役割分担が仕事の始まりであると思われます。

　つまり、人は、自分ができないことを他の人に行なってもらい、その代わりに、他の人ができないことを自分が行なうのです。

　人が人の代わりに動く。まさにそれが「働く」という言葉の語源ともいわれています。

　改めて、「人はなぜ働くのか？」の問いについて私の考えを整理すると次の3つとなります。
　(1)　お金のために働く
　(2)　人のために働く
　(3)　事業のために働く
　これらは、会社を構成する3つの要素でもあります（図1-1）。

図1-1　会社を構成する3つの要素

会社は、「人」、「もの」、「金」で構成されています。このうち「もの」については、会社において「もの」を生み出す「事業」と置き換えて考えていくことにします。

　このように考えると、会社で働く人は、その構成要素である「人」、「事業」、「金」のために働いていることは自明の理です。したがって、「人はなぜ働くのか？」の問いについて、私の答えは、上記のとおり、(1)お金のために働く、(2)人のために働く、(3)事業のために働く、の3つとなります。

　ただし、この3つのバランスは人によって異なります。むしろ、そのバランスは極端に偏っている場合もあり、人によっては3つの要素のうちの1つだけが働く理由であるという場合もあるでしょう。

　さらに、経営理論に沿って、この「人はなぜ働くのか？」を学ぶために、諸説ある理論のなかでも有名な「マズローの欲求5段階説」をもとに考えていきたいと思います。

　マズローの欲求5段階説とは、アメリカの心理学者であるアブラハム・マズロー氏が考案したもので、「自己実現理論」などと呼ばれることもあります（**図1－2**）。

図1－2　マズローの欲求5段階説

```
       自己実現
        承認
       社会的
        安全
       生理的
```

① 　生理的　：生きていきたい（食欲や睡眠欲など）
② 　安全　　：安全で安心な暮らしがしたい（家や健康など）
③ 　社会的　：集団に属していたい、仲間が欲しい
④ 　承認　　：人から認められたい、尊敬されたい
⑤ 　自己実現：自らの能力を活かし、創造的な活動がしたい

　マズロー氏によると、人間の欲求には「生理的欲求」、「安全の欲求」、「社会的欲求（所属と愛の欲求）」、「承認欲求」、「自己実現の欲求」の5段階があります。これら5つの欲求には図1－2のようにピラミッド状の序列があり、低次の欲求が満たされるごとに、もう1つ上の欲求を持つようになると考えられています。

　ただし、複雑な情報化社会となった現代においては、この序列どおりには欲求はコントロールされていないのではないかと個人的には思っています。

　しかし、この5つの欲求を理解しておくことは、マネジメントにおいてもマーケティングにおいても重要であると考えています。

　この5つの欲求を「人」、「もの（＝事業）」、「金」で分類すると次のようになります。

　①　生理的　：生きていきたい（食欲や睡眠欲など）　　　→　**金**

　②　安全　　：安全で安心な暮らしがしたい（家や健康など）→　**金**

　③　社会的　：集団に属していたい、仲間が欲しい　　　　→　**人**

　④　承認　　：人から認められたい、尊敬されたい　　　　→　**人**

　⑤　自己実現：自らの能力を活かし、創造的な活動がしたい→　**もの**

ここで、気づいたことがあります。

　マズローの欲求5段階説では、「人」、「もの（＝事業）」、「金」のうち、「もの（＝事業）」について何かが足りていないように思うのです。この疑問から、改めてマズロー氏について調べてみると、晩年の彼は、「⑤自己実現」の上に、さらに高次の欲求として「⑥自己超越」という欲求を見出していたことがわかったのです。

　自己超越とは、目的の遂行・達成だけを純粋に求める欲求といわれています。この自己超越という言葉を聞いたとき、幕末の英雄である薩摩藩士の西郷隆盛氏の言葉が頭に浮かびました。

　「命もいらず、名もいらず、官位も金もいらぬ人は、仕末に困るもの也。この仕末に困る人ならでは、艱難を共にして国家の大業は成し得られぬなり。」

すなわち、素晴らしい事業を成し遂げるためには、このような自己超越の域に達している人が中心にいなければならないのであろうと私は考えています。

　つまり、マズローの欲求5段階説ではなく、「マズローの欲求6段階説」だったのです（**図1-3**）。

図1-3 マズローの欲求6段階説

自己超越
自己実現
承認
社会的
安全
生理的

① 生理的　：生きていきたい（食欲や睡眠欲など）　　　→　金
② 安全　　：安全で安心な暮らしがしたい（家や健康など）→　金
③ 社会的　：集団に属していたい、仲間が欲しい　　　　→　人
④ 承認　　：人から認められたい、尊敬されたい　　　　→　人
⑤ 自己実現：自らの能力を活かし、創造的な活動がしたい　→　もの
⑥ 自己超越：目的の遂行・達成だけを純粋に求める　　　→　もの

　したがって、経営理論であるマズローの欲求6段階説に沿って考えても、「人はなぜ働くのか？」の答えは、(1)お金のために働く、(2)人のために働く、(3)事業のために働く、の3つになるといえます。

　以下、それぞれについてさらに深掘りしていきたいと思います。

(1)　お金のために働く

　「お金のために働く」という言葉だけを聞くとネガティブなイメージがありますが、お金のために働くのは決して悪いことではありません。むしろ、生きていくために、安全で安心な暮らしを続けていくために、お金は必要です。

　有史以来、人は、他の人がやりたくないことやできないことを代わりにやることで、その対価として報酬をもらってきました。複雑化した現代社会においては、必ずしもそこまで単純ではない場合が多いですが、原理原則は変わりません。仕事の対価として報酬を得るのは当然の権利です。

　1つだけ大切なことは、その順序です。**仕事をしてから、その対価として報酬をもらうことが大切なのです。**先に報酬を求めてから仕事をする場合にはうまくいかないケースのほうが多いものです。

(2)　人のために働く

　「人のために働く」ことについては、概ね2つのケースが考えられます。

　1つ目は、共に働く人のために働くことです。尊敬できる経営者や上司のために働くこともあれば、信頼できる仲間のために働くこともあります。

　もう1つは、守るべき人（家族など）のために働くことです。

　いずれにせよ、人のために働くのは、集団生活を行なう人間の本能の一部であると考えています。

　最近、経営者として思うことがあります。その組織において、「何をするのか？」ということよりも、「誰とするのか？」のほうが大切なのではないか、ということです。経営メンバーに恵まれているからでしょうか。このメンバーであれば、どのような事業でも成功できるのではないかと思うことがあります。何より、このメンバーで働くことに幸せを感じています（私の一方的な思いでないことを願いながら）。

(3)　事業のために働く

　「社会に役立つ仕事がしたい。」

　近頃、このような声を聞くことが増えたような気がします。それは、この国が裕福になった証拠なのでしょうか。

　また、社会に役立つ仕事について考えていると、ふと疑問に思うことがあります。逆に、社会に役立たない仕事とは何があるのか、ということです。公序良俗に反する仕事は除き、世の中のさまざまな仕事は多かれ少なかれ社会に役立つ仕事なのではないかと思います。

　「いま目の前にある仕事をやり遂げたい」という気持ちは、働くうえでとても大切な動機（＝モチベーション）になります。さらに大きな視野で、その事業を成し遂げたいという気持ちを持てるようになれば、動機を超えて、信念に近いものになっていくことでしょう。

成長する会社には、その事業を成し遂げたいという信念を持っている人が必ず輪の中心にいます。

この「人はなぜ働くのか？」について理解しておくことは、マネジメントの観点においても非常に大切です。

例えば、部下が悩んでいるとき、その悩みを理解し、相談に乗るという場合にも有効です。

まず、部下が「人」、「もの（＝事業）」、「金」のうち何を中心に悩んでいるのかを整理してあげることが大切です。人は悩むとき、何について悩んでいるのかを自分でも整理できていない場合が多いものです。悩みを整理してあげるだけで解決する場合もあります。

また、整理できた悩みを話し合っても解決しない場合には、視野を広げてあげることが有効な場合もあります。

例えば、人間関係で悩み、解決しない場合でも、その事業の社会的な意義を理解することで、前向きな気持ちで仕事に取り組めることもあります。

人はそれぞれ働く動機が異なります。「人はなぜ働くのか？」を理解することは、まさにマネジメントの最初の一歩であるといえます。

■会社とは何か

さて、ここで改めて、「会社とは何か？」という問いに対しての答えを考えてみたいと思います。

日本の会社法では、株式会社、合名会社、合資会社、合同会社の４つが会社とされています。ここではその代表格である株式会社を中心に考えていきます。

まず、そもそも株式会社はなぜ作られたのでしょうか？ 1602年に設立された「オランダ東インド会社」が世界で最初の株式会社であるといわれています。大航海時代に冒険者が航海に必要な資金を集めるための仕組みとして株式会社が出来ました。

その大きな特徴は、**永続性**を前提として考えられていることです。これまでは1回の航海のたびにお金を集めて、その成果をすべて分配して解散していたのに対して、株式会社では次の航海に必要な資金を残して分配し、残った資金を活用して再び航海に出ます。

また、この株式は、無限責任ではなく、自らが出したお金を上限とした有限責任であることも大切な特徴であり、これが近代の株式会社の考えにつながっています。

また、株式会社は「法人」とも言い換えられるように、法律で定められた人格であり、具体的に私たちのように生きている人を示しているのではありません。生きている人ではないということも非常に重要であり、法人であるからこそ、経営者が替わっても契約を継続することができるのです。

つまり、「経営者＝会社」ということではありません。そして、これらの経緯から、株式会社にとっての重要な目的の1つが**継続**なのです。

■経営視点を身につける

先ほどとは違う角度で「会社とは何か？」について考えてみたいと思います。そのキーワードが「経営視点」です。

経営視点は、次章で触れるビジネスプランを考えていくうえで理解しておくべきものです。それでは、「経営視点」とは何でしょうか。

経営者の視点？　それとも会社の視点？　いずれも違います。

そもそも理解しておくべきことは、**経営者＝会社ではない**ということです。したがって、経営者の視点と会社の視点は異なります。

ここでは法的な定義ではなく、社会における役割としての会社の概念について考えていきたいと思います。

図1－4のように、会社には、従業員・お客様・取引先・株主などステークホルダーと呼ばれるさまざまな利害関係者が存在します。言い換えると、従業員・お客様・取引先・株主がいるから会社であるとも考えられます。

図1-4　会社を取り巻く利害関係者

まず、従業員の立場から見た会社は「人の集まり」です（**図1-5**）。

図1-5　従業員の立場から見た会社

会社＝人の集まり

次に、お客様や取引先の立場から見た会社は、「商品やサービスの提供者」です（**図1-6**）。

図1-6　お客様や取引先の立場から見た会社

会社＝商品やサービス
の提供者

そして、株主の立場から見た会社は「資産（お金）」です（**図1-7**）。

図1-7　株主の立場から見た会社

会社＝資産（お金）

以下、私の出身である NEC の事例を用いて具体的に解説していきます。

例えば、NEC の従業員の方々に「NEC（＝会社）とは何か？」と尋ねると、一緒に働いている同僚や上司の顔が思い浮かぶのではないでしょうか。

次に、社外の一般の方々に同じ質問をすれば、おそらく、多くの人は NEC で販売している商品やサービスが頭に浮かび、パソコンの会社といった答えが返ってくるでしょう。

また、NEC の株主の方々に同じ質問をすれば、株価、つまり自分のお金（資産）が頭に浮かぶことでしょう。

このように、同じ NEC（＝会社）であっても、NEC との関わり方（関係性）によって、その回答は異なります。

従業員の立場から見た会社は「人の集まり」であり、お客様や取引先の立場から見た会社は「商品やサービスの提供者」であり、株主の立場から見た会社は「資産（お金）」なのです。

したがって、「会社とは何か？」という質問についての私の答えは、「会社との関係性によって、その回答は異なる」ということになります。

そして、経営視点を持つとは、従業員・お客様・取引先・株主のいずれかの視点だけで考えるのではなく、この4つの視点で多方面から考え、判断していくということです。

例えば、ある商品をより多くの方々に販売するために値引きを検討しているとします。

その際、お客様のことだけを考えて判断するならば、赤字覚悟で値引きを行ない、とにかく多くの方々に売ればよいでしょう。

　しかし、赤字が続けば従業員の給料は払えなくなり、さらに続けば倒産して株主にも取引先にも迷惑をかけることになります。

　逆に、株主からの要望で、利益を上げるために大幅な値上げをすると、普通、お客様は他社の（安い）商品のほうを選ぶでしょう。結果、お客様から見放されて商品が売れなくなります。

　このように、商品の値段を決めるときにも、従業員・お客様・取引先・株主の４つの視点をもって考えて、判断していくことが大切なのです。

■経営は矛盾との戦い

　「人が働く理由」と「経営視点」という２つの側面から会社という存在について考えてきました。ここまでの内容で、いかに会社という存在が曖昧で矛盾に満ちたものであるかをご理解いただけたのではないでしょうか。

　経営者は、まさに、この曖昧で矛盾に満ちた会社を経営していかなければならないのです。

　従業員のことを考えて給料を上げれば、利益が減ってしまい、株主から批判されることになります。しかし、従業員も株主も大切です。

　お客様のことを考えて、商品の値段を下げるため、仕入価格の値引きを依頼すると取引先は困ります。しかし、お客様も取引先も大切です。

　このように、会社に対して求めるものが異なる**従業員・お客様・取引先・株主**との関係性を保ちながら、事業を継続していかなければなりません。

　まさに、**経営は矛盾との戦い**なのです。

　私たち経営者は、常にこの矛盾と戦い続けなければならないということを覚えておくだけでも、精神的に楽になることがあります。私も壁にぶつかったときに、「経営は矛盾との戦いだよな」と自分に言い聞かせることがあります。

第 2 章
事業計画の作り方

― 会社の道標 ―

■なぜ、事業計画が必要なのか

なぜ、事業計画が必要なのでしょうか。その理由について「人」、「もの（＝事業）」、「金」の観点から考えてみたいと思います。

まず、「人」の観点においては、経営者が従業員を採用し、事業を進めていくときには、どのように事業を行なっていくのかを明確に伝えていかなければなりません。

人が迷わずに目的地にたどり着くためには地図が必要です。**事業計画とはまさに、事業における地図であり、会社の道標となります。**従業員が増えていけば増えていくほど事業計画の意義も大きくなります。多くの従業員に迷わず同じ方向に進んでいってもらうため、事業計画は必要となります。

つまり、**事業計画は人を動かすために必要なのです。**

次に、「もの（＝事業）」の観点においてはどうでしょうか。

事業を進めていくためには「人」、「もの（＝事業）」、「金」を絶妙なバランスで保ち続けていかなければなりません。人が多すぎればお金が足りなくなったり、逆に人が少なすぎれば事業の継続が難しくなったりします。これらのバランスをあらかじめ検討しておくことは、事業を続けていくうえでとても大切です。

現実の世界でビジネスを実行していくと必ず、何らかのギャップが生じていきます。しかし、あらかじめしっかり事業計画を検討し、作成しているからこそ、そのギャップに気づくことができ、対策を講じることができるのです。

もし事業計画を検討することなくビジネスを実行していくと、「人」、「もの（＝事業）」、「金」のバランスが悪くなっていることに気づかず、いつの間にか事業を続けていくことが難しくなる場合があります。

私は、机上でも勝てない事業計画では、現実の世界でも勝ち残ることは難しいと考えています。まずは机上で勝てる事業計画を作成していきましょう。

つまり、**事業計画はビジネスを続けていくために必要なのです。**

　最後に、「金」の観点においてはどうでしょうか。

　事業を進めていくために資金調達が重要であることはいうまでもありません。そして、お金を集めるためには事業計画が必要となります。集めたお金をどのように使い、どのように増やしていくことができるのかを事業計画にもとづいて説明できるからこそ、お金を集めることができるのです。

　「人」、「もの（＝事業）」、「金」のバランスを考えて事業計画を作成し、特にお金の流れや資金繰りなどを明確にすることで、必要な資金調達が可能になります。

　つまり、**事業計画はお金を集めるために必要**なのです。

　したがって、事業計画は、「**人を動かす**」、「**ビジネスを続ける**」、「**お金を集める**」ために必要であるといえます。

　このように、とても重要な事業計画について、新規事業を創造することを想定して、当社の事例をもとに経営理論を補足しながら説明していきたいと思います。

■事業ドメインを考える

　まず、新規事業を創造していくときに考えてほしいのが**事業ドメイン**です。

　ドメイン（domain）とは、直訳すると「領域」です。つまり、**どの領域で事業を立ち上げるのか**を考えるということです。起業家の立場で表現すると、「**戦う場所を決める**」ということになります。

　新規事業の創造というと、ビジネスモデルのことだけを考える人が多いように思います。しかし、どのような素晴らしいビジネスモデルであっても、**事業ドメインが間違っていると、なかなか成長できず苦労する**ことになります。

　一方で、良い事業ドメインを見つけることができれば、ビジネスモデルにあわせて着実な成長を遂げることができます。

【事業ドメインの設定】

　それでは、どのようにすれば良い事業ドメインを見つけることができるのでしょうか。それには次の3つが考えられます。

　⑴　成長市場である

　⑵　すきまがある

　⑶　強みを活かせる

　以下、それぞれについて詳しく解説していきます。

⑴　成長市場である

　まずは想像してみてください。

　上りのエスカレーターと下りのエスカレーターがあります。上りのエスカレーターを駆け上がると、あっという間に上の階に到着します。一方で、下りのエスカレーターをどれだけ駆け上がっても、なかなか上の階には着きません（実際には危ないので、上りのエスカレーターも駆け上がらないでくださいね）。

　現実の社会もこれと同じです。

図2－1　下りのエスカレーターを駆け上がる

　成長している市場では、ビジネスモデルの如何にかかわらず売上は伸びていきやすいですし、逆に、衰退している市場では、相当に洗練されたビジネスモデルでなければ売上を伸ばしていくのは難しいといえます。

　もちろん、衰退している市場においても、革新的な発想で成長を遂げた企業はあります。しかし、相対的に見ると、**やはり成長市場のほうが売上を伸ばし**

企業を成長させることができる確率は高いでしょう。

(2)　すきまがある

　狙うべき成長市場が見つかったら、その市場にある「すきま」を探すことになります。ここでいう「すきま」とは、**競合他社がいない、または少ない市場**のことです。

　この競合他社がまったくいないときには注意が必要です。それは、**市場そのものが存在しない場合もあり得る**からです。魚のいない池で何時間釣り糸を垂らしても魚が釣れることはないのです。

　大きな池の場合は、その池をいくつかに区切ることで「すきま」を創り出すこともできます。

　例えば、当社の事例で説明すると、**図2－2**で示すように、琵琶湖が約8兆円を超えるともいわれる大きな派遣市場（厚生労働省「令和2年度労働者派遣事業報告書の集計結果」より）とします。その市場を、縦軸を製造、IT、小売、卸、サービスなどの業種で、横軸を開発、設計、営業、事務などの職種で区切ってみます。そして、「製造業×開発」、「製造業×営業」、「製造業×事務」…、とマス目を確認していくと、「IT×営業」のマス目（図2－2の網掛け（斜線）部分）がぽっかりと空いていることがわかりました。

　さらに、そのマス目に魚が存在しているかを調べるために、IT業界の方々にヒアリングをしたところ、営業人材が不足しているという現状がわかり、「営業」ニーズが存在していることが確認できました。

　まさに、派遣業界という大きな市場のなかにおける「すきま」を創り出したのです。

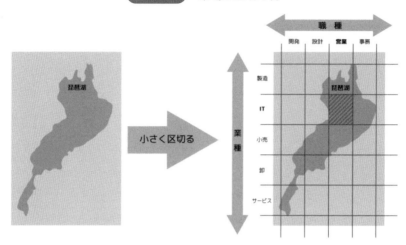

図2-2 市場の区切り方

職種
開発 設計 営業 事務

業種
製造
IT
小売
卸
サービス

琵琶湖

小さく区切る

琵琶湖

(3) 強みを活かせる

　最後に、成長市場のなかに「すきま」を見つけたら、そこで**自社または自分**
の強みが活かせるかどうかを検討する必要があります。

　客観的に検討し、自社または自分の強みが活かせると判断できたとき、まさ
にそれが攻めるべき「事業ドメイン」なのです。

　当社の場合は、私がNECの出身であり、IT業界で営業を経験してきたとい
う強みを活かすことができると判断したのです。

【事業ドメインでやるべきこと】

　そして、良い事業ドメインを見つけたら、さまざまなビジネスモデルを試行
錯誤しながら、その**事業ドメインにおけるナンバーワンを目指していく**ことに
なります。

　ここで大切なことは、良い事業ドメインが見つかったら、そこで必ずナン
バーワンを目指さなければならない、逆にいえば、**ナンバーワンになれる可能**
性が高い事業ドメインを設定することが求められるということです。

　たとえ小さな市場であっても、ナンバーワンになれば、高い利益率を確保で
きる場合が多いです。いわゆる"ニッチ市場"のナンバーワンを狙うというこ

とです。

　当社の事例においても、IT 業界における営業派遣でナンバーワンとなった段階から業界における認知度が上がり、価格競争においても優位性を持てるようになった結果、高い利益率を確保できるようになったのです。

　では、なぜナンバーワンであることが大切なのでしょうか。

　その答えは極めてシンプルです。

　皆さんは日本で最も高い山は富士山であると知っています。それでは、2 番目に高い山はどこかご存知でしょうか。同じように、日本で最も大きな湖は琵琶湖であると知っています。それでは、2 番目に大きな湖はどこでしょうか。私は両方とも知りませんでした。やはり 1 位と 2 位の認知度の差は非常に大きいのです。

　しかし、大きな市場でナンバーワンになることは簡単ではありません。そこで大切なことは、**ナンバーワンになれる小さな市場を創り出す**ことです。

　あえて「創り出す」という表現を使ったのは、大きな市場を勝手に区切ることで小さな市場を創り出すことができるからです。

　前述のように、当社の場合、大きな派遣市場の縦軸を製造、IT、小売などの「業種」で、横軸を開発、営業、事務などの「職種」で区切っています。このように区切ったのは誰なのか？

　それは、私が勝手に考えて、勝手に区切ったのです。つまり、大きな市場をどのような切り口で区切るのかはまったく自由なのです。勝手に区切って小さな市場を創り出せばよいのです。そして、その市場でナンバーワンになることを目指していくのです。

　ただし、区切り方が小さいと、ナンバーワンになっても利益が出るまでの規模に発展しないことがあります。逆に、区切り方が大きいと、ナンバーワンになるのが難しかったり、すぐに競合他社が参入したりするため苦労することになります。

　この市場の区切り方についての質問を受けることが多いため、参考までに追

記しておきます。

　まず、自由な発想で考えればよく、区切り方のルールなどは存在しないことを前提としてください。

　そのうえで市場の区切り方についての発想法を考えてみると、最初に小売業、製造業、サービス業などの大きな分類から始めます。次に、小売業ならばスーパーマーケット、コンビニエンスストア、ネット通販など業種分類を考えます。そこに何かの属性を加えるという手順です。

　属性とは、地域（エリア）、年代、職種などです。具体的に組み合わせてみると、小売業のうちスーパーマーケットという業種を選び、属性を地域（エリア）の〇〇町とすれば、「〇〇町でナンバーワンのスーパー」となります。

　何をナンバーワンとするかは、売上高や客数など数字でわかりやすく示せるものがよいでしょう。

　同じように、卸売業のうちネット通販という業種を選び、属性を職種の歯科医師とすれば、「歯科医師が選ぶナンバーワンのネット通販」となるのです。

　繰り返しになりますが、自由な発想で考えればよいので、業種や属性が異なっていても逆であってもまったく問題はありません。自由な発想で市場を区切り、自らの強みを活かしてナンバーワンになれる良い事業ドメインを創り出していただきたいと思います。

　なお、先行してビジネスモデルが思い浮かび、その後に事業ドメインが自然と決まっていく場合もあります。しかし、その際にも事業ドメインを明確にして自社の居場所を定義しておくことが着実な成長のために必要です。

■ポジショニング

　ここで、事業ドメインと関連している事項として、ポジショニングについてもあわせて説明しておきたいと思います。

　ポジショニングとは、**市場における自社の立ち位置**のことです。ポジショニングを考えるうえで大切なことは、競合他社との差別化です。

　例えば、当社の事例で説明すると、IT業界における類似点がある競合他社との比較を次の**図2-3**のように表現しています。縦軸にITスキル、横軸に営業力として競合他社と比較しています。IT業界で数多くあるエンジニア派遣、販売店、登録型派遣の各企業との違いをポジショニングによって明確にしているのです。

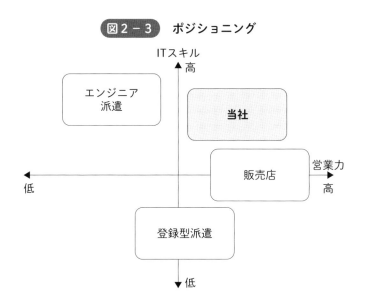

図2-3　ポジショニング

　ここでのポイントは、先ほどの事業ドメインと同じように縦軸や横軸の設定にルールがあるわけではなく、自由な発想で考えればよいということです。
　自社の特徴や強みを活かしたポジショニングを見つけることは、競合他社との差別化を図るためにも非常に重要なのです。

■新規事業に必要なビジネスアイデア

　事業ドメイン、つまり「戦う場所」を決めたら、次はどのようにして戦うのかを考えていかなければなりません。

皆さんも、事業ドメインを考える過程で、こんな商品はどうだろう？　あんなサービスはどうだろう？　などさまざまなビジネスのアイデアを想像しながら「戦う場所」を決めたのではないでしょうか。

　もし、良いビジネスのアイデアが出てこなければ、視野を広げてみてください。他の業界や業種ですでに行なわれているビジネスを自ら定めた事業ドメインに持ってくることで成功するケースは意外と多いものです。
　すでに行なわれているビジネスに一工夫を加えて自ら定めた事業ドメインで展開する。まさに「創造的模倣」です。数えきれないほど多くの商品やサービスが溢れかえっている現代において、この「創造的模倣」が最も成功確率が高いのではないかと私は考えています。

　そして、ビジネスのアイデアを思いついたら、それを人に伝えることができるように簡潔な文章に整理する必要があります。
　このとき私が活用しているのが「5W2H」です。極めてシンプル、かつ、古典的な手法ですが、今のところこれに勝るビジネスアイデアの整理法は見当たりません。
　やり方は極めて簡単です。
　思い浮かんだアイデアを「5W2H」に箇条書きに整理する。ただそれだけです。
　「5W2H」とは、What（何を？）、When（いつ？）、Who（誰が？　誰に？）、Why（なぜ？）、Where（どこで？）、How（どのようにして？）、How much（いくらで？）の7つのことです。

　当社の事例で、IT業界における営業という事業ドメインにおいて、IT営業アウトソーシング事業をビジネスのアイデアとして整理してみます。

［5W2Hの当社事例］

> What（何を？）：当社で育成した営業人材を
>
> When（いつ？）：営業力が不足しているとき
>
> Who（誰に？）：大手IT企業に
>
> Why（なぜ？）：情報化の発展と推進のため
>
> Where（どこで？）：日本国内で
>
> How（どのようにして？）：派遣にて
>
> How much（いくらで？）：月額固定金額で

そして、これらをつなげるとビジネスアイデアを簡潔に説明した文章が完成します。

すなわち、「日本国内において営業力が不足している大手IT企業に、当社で育成した営業人材を月額固定金額で派遣することによって、情報化の発展と推進に寄与する」といった要領です。

このように、皆さんが何かビジネスのアイデアを思いついたとき、すぐに紙などに書き留めることをお勧めします。

私がアイデアを思いつくのは、とてもリラックスした心理状態にあるときが多いです。例えば、寝る前のベッドのなかや入浴中などです。どちらもメモをとるには最悪なのですが…。

すでに真っ暗で眠いのにもう一度起きて電気をつけてメモを書く。湯船から慌てて上がりバスタオルを巻いた状態のままでメモを書く。せっかく思いついたアイデアを忘れないうちにメモに書き留めるためには多少の犠牲も仕方がありません。なぜなら、そのアイデアには非常に大きな価値があるかもしれないし、また、人の記憶力は信用できないところがあるからです。

したがって、眠くても、寒くても、周りに多少の迷惑をかけても、「これだ！」というアイデアを思いついたときには、他のすべてより優先して、メモを書くようにしています。

そして、大事なことは、そのアイデアを書き留めたメモを翌日に見直して5Ｗ2Ｈに整理してみることです。

　ここで、それまで最高だと思っていたアイデアのうち、10個中9個くらいは落選します。5Ｗ2Ｈを考えていくなかで、そのアイデアには矛盾があることや市場が存在しないなどのさまざまな課題が出てきて、それを乗り越えることができないことがわかります。

　こうして、熱くなりすぎた頭を冷やし、冷静にアイデアを自分で検証するためにも5Ｗ2Ｈは使えます。

　さらに加えていうと、私がビジネスプランコンテストで審査員を担当しているときにも5Ｗ2Ｈで整理しながら聞いています。

　1社あたり数分という非常に短い時間でプレゼンテーションを聞き、審査しなければならない場合、5Ｗ2Ｈに切り分けて整理することで全体像が把握できます。また、発表者のプレゼンテーションで5Ｗ2Ｈのうち抜けているものがあれば、それを質問することで理解が深まります。

　皆さんも思いついたビジネスのアイデアを5Ｗ2Ｈに整理してみることで、そのアイデアの実現可能性を自分で診断することができ、かつ、相手に伝えるための骨子が出来上がります。

　まずは、アイデアが浮かんだらすぐにメモをとり、翌日に冷静な頭で5Ｗ2Ｈに整理してみましょう。

■ビジネスモデルは儲けるための仕組み

　続いて、ビジネスモデルについて考えていきます。

　そもそもビジネスモデルとは何でしょうか。

　諸説ありますが、本書ではシンプルに「儲けるための仕組み」と定義しておきます。つまり、自ら定めた事業ドメインにおいて、どのようにして儲けていくのか、その仕組みを考えることです。

　なお、よく似た言葉にビジネスプランがあります。

　ビジネスプランとは、ビジネスモデル（収益構造）に加えて、事業ドメインを含む市場性や資金調達の計画および組織体制など、**事業を実行に移していくために必要な計画のすべてが網羅的に記載された事業計画**といえます。

　したがって、まずはビジネスプラン（事業計画）における軸となるビジネスモデルについて考えます。

　ここでは、⑴小売業、⑵サービス業、⑶広告業という代表的な３つのビジネスモデルの具体例を通じて、儲けるための仕組みについて理解を深めていきたいと思います。

⑴　小売業のビジネスモデル

　最初に、小売業で最も身近にあるコンビニエンスストア（以下、コンビニ）を事例にビジネスモデルを考えてみます（**図2-4**）。

図2-4　小売業（コンビニ）のビジネスモデル

　皆さんもコンビニでお茶やジュースなどの飲料を買ったことがあるでしょう。仮に500mlペットボトルのお茶が１本150円とすると、コンビニは仕入先である飲料メーカーからそれを１本50円くらいで仕入れて消費者に販売します。

　このとき、１本あたり100円の収益を得ることができます。非常にシンプルなビジネスモデルです。

　それでは、なぜ、あなたはコンビニで150円を支払ってペットボトルのお茶を買うのでしょうか。お茶は自動販売機でも販売していますし、スーパーマーケットやドラッグストアではもっと安いかもしれないのに。

　自分の欲しいお茶が売っているから、複数のお茶のなかから選べるから、他の商品とあわせて買ったから、など理由はいくつか想像できます。

いずれの理由にせよ、最も大事なポイントは立地です。コンビニがそのペットボトルのお茶をあなたに買ってもらうためには、あなたが行動する場所に存在しなければなりません。この立地、すなわち場所の概念がコンビニでは重要な要素を占めています。

いずれにせよ、小売業の収益構造は非常にシンプルです。商品を仕入れて、それよりも高い値段で売ることで、その差額（売買差益）が儲けになるのです。

(2) サービス業のビジネスモデル

次にサービス業について、派遣業の事例でビジネスモデルを考えてみます（図2－5）。

図2－5 サービス業（派遣業）のビジネスモデル

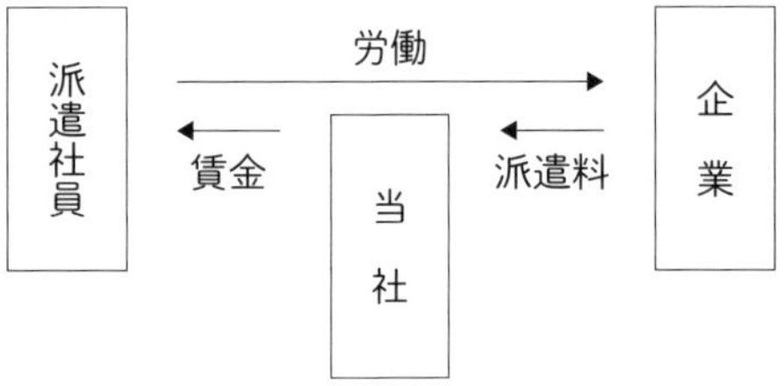

まず、派遣会社に登録した派遣社員が派遣先の企業で仕事をします。仮に、企業から受け取る派遣料金が1時間あたり1,800円で、派遣社員の給料が時給1,500円のとき、派遣会社は1時間あたり300円が収益となります。

したがって、1日8時間の仕事をすれば、派遣会社は300円×8時間＝2,400円の収益となります。こちらもとてもシンプルな収益構造です。

さて、ここで小売業とサービス業のビジネスモデルの違いについて考えてみたいと思います。

最もわかりやすい違いは、もの（＝商品）があるのかないのかです。

もの（＝商品）があることで、小売業では「場所」と「時間」の制約がサービス業に比べて非常に少なくなります。

事例に沿って補足すると、小売業の場合には、飲料メーカーが工場でペット

ボトルのお茶を製造します。そして自宅や勤務先近くのコンビニで販売され、そのお茶を買った消費者は、家や職場でそれを飲みます。

　このように、例えば、静岡県の工場で製造されたお茶を、都内に勤務する消費者が埼玉県内にある自宅近くのコンビニで買って飲むというように、もの（＝商品）があることで生産と消費の「場所」が異なることが可能となっています。

　同じように、工場で製造されてから消費者が買って飲むまでの時間は数週間から数か月となり、もの（＝商品）があることで生産と消費の「時間」も異なることが可能となっています。

　一方で、サービス業においては、生産と消費の「場所」と「時間」は一致しています。

　事例に沿って補足すると、サービス業の場合には、派遣社員が派遣先企業で働いているときだけ、派遣料金と給料の差額が収益となります。

　言い換えると、サービス業の場合には、サービスの提供とそれを消費する場所・時間は同時です。したがって、サービス業の場合は提供する場所や時間を広げることが難しいのです。

　事例のケースにおいて、小売業（コンビニ）ではペットボトルのお茶を販売する場合、１本あたり100円と収益は小さい。しかし、24時間365日販売できる機会があり、エリアも全国展開が可能です。

　これに対しサービス業では、派遣社員が働いているときには１時間あたり300円と収益は比較的大きくなりますが、派遣社員が働ける時間帯だけ、働ける場所でしかサービスを提供することはできません。

　このように、ビジネスモデルを見るときには、単純な収益の金額だけではなく、その**収益を得ることができる場所と時間も考慮**しなければなりません。

　したがって、ビジネスモデルを検討するときに重要なことは、単純に商品やサービスを提供したときの収益を見るだけではなく、その商品やサービスが提供できる場所や時間までを考慮しなければならないということです。

⑶　広告業のビジネスモデル

　最後に、広告業について、テレビ局を事例にビジネスモデルを考えていきま

す（図2-6）。

図2-6 広告業（テレビ局）のビジネスモデル

　近年ではインターネット広告が台頭していますが、本質的な収益構造は類似しています。

　ペットボトルのお茶の事例で考えると、飲料メーカーは自社の商品を消費者に知ってもらい販売するために広告費用をテレビ局に支払います。テレビ局は広告枠を飲料メーカーに提供してコマーシャル（以下、CM）を放映します。テレビ局は、テレビ番組を制作し放映することでより多くの消費者にCMを視聴してもらうことで収益を得ます。

　まず、広告業が小売業およびサービス業と大きく違うところは、消費者が直接広告会社にお金を支払うことがないという点です。

　しかし、実際には、提供された番組を視聴した消費者が広告主の商品やサービスを購入することで成り立つ収益構造を前提としています。

　ここで「前提としている」という曖昧な表現を使ったのは、その番組を見た視聴者が実際に広告主の商品やサービスを購入したのかどうかはわからない点にあります。

　お茶の事例で見ると、飲料メーカーのお茶のCMを見たことが、コンビニでそのお茶を買った理由なのかどうかは定かではありません。しかし、陳列されている複数のお茶のなかからその飲料メーカーの商品を選んだ理由は、テレビで見たCMがきっかけかもしれません。

　広告の効果はさておき、本来、広告業とは、その商品やサービスを広めるために存在しています。言い換えると、その商品やサービスを買いたいと思う消費者に、商品やサービスの情報を届けることで広告主から対価を得ます。

　したがって、本質的には、広告を出すために必要な費用と、その広告によっ

て売れた商品やサービスで得た利益とのバランスが成り立つときに事業として
継続できるものです。

　この本質を理解したうえで広告業におけるビジネスモデルを考えていかなけ
ればなりません。

　ネット関連のベンチャー企業において、ある一定のユーザーを集めれば簡単
に広告収入を得られると考えているケースが見られますが、この広告業におけ
るビジネスモデルの本質からずれている場合には長続きしないといえます。

　これらの代表的な3つのビジネスモデルの具体例を理解することで、儲ける
ための仕組みを考えていくための基本を身につけていただきたいと思います。

　これまで世の中になかったまったく新しいビジネスモデルを生み出すことは
非常に難しいです。一方で、すでに無数に存在しているビジネスモデルを模倣
して、異なる事業ドメインで展開することによって成功している事例は数多く
あります。

　皆さんが事業のアイデアを思いつき、そのアイデアをビジネスプランに昇華
させていくときに参考になるのが、上場している企業の有価証券報告書などの
IR（IR: Investor Relations）資料、すなわち投資家向けの広報です。

　日本国内には約4,000社の上場企業が存在します。それらの上場企業が行
なっている事業は数万件を超えます。その数万件のビジネスモデルが有価証券
報告書などのIR資料で公開されているのです。

　先ほど紹介した代表的な3つのビジネスモデルの具体例も、上場企業の有価
証券報告書を参考に作成しています。

　また多くの場合、ビジネスモデルの収益構造だけでなく、実際にどれくらい
の収益が得られているのかという数値面も参考にできます。

　つまり、ビジネスモデルをさらにビジネスプラン（事業計画）に昇華させて
いくときにも非常に参考になるのです。

　したがって、こんなビジネスアイデアはどうだろう？　と思い浮かんだとき
には、そのビジネスアイデアと類似したビジネスを行なっている上場企業を見

つけて、その企業の有価証券報告書をはじめとするIR資料を参考にして考えていくとよいでしょう。

ビジネスアイデアを思いついた瞬間は、「これは世の中にはない素晴らしいアイデアだ！」と錯覚するものです。しかし、実際にはすでにそのアイデアは実現されており、しかも上場企業が展開していることが多くあります。同じ事業ドメインで同じビジネスモデルを行なっている場合もあれば、異なる事業ドメインで類似したビジネスモデルを行なっている場合もあります。

皆さんが考えている事業ドメインとは違うところで上場企業が展開している類似したビジネスモデルを見つけることができれば、その後のビジネスモデルの構築やビジネスプランの策定に非常に役立ちます。すでに成功しているビジネスモデルについて約4,000社の上場企業が財務情報とともに公開してくれているのですから、これを活用しない手はないでしょう。

また、上場企業の有価証券報告書などのIR資料を見ると、もう1つ気づくことがあります。

それは、どのような上場企業であっても、ビジネスモデルの概要図を見ると非常にシンプルだということです。

目新しいビジネスで新規上場したベンチャー企業であっても、上場する際に公開する目論見書の冒頭には非常にシンプルなビジネスモデルの概要図が記載されています。それは、さまざまな業界で新しい事業が誕生しても、その収益構造自体にそれほど多くのパターンは存在していないことを意味しています。

まずは、ここで紹介した事例を参考に、シンプルなビジネスモデルの概要図を描いてみることから始めてみるとよいでしょう。それが皆さんのビジネスアイデアをビジネスモデルに進化させていくための第一歩となります。

■ビジネスプランの礎

ビジネスプランは、前述したように、ビジネスモデル（収益構造）に加えて、

事業ドメインを含む市場性や資金調達の計画および組織体制など、**事業を実行に移していくために必要な計画のすべてが網羅的に記載された事業計画**です。

　それでは、ビジネスプランを考えるうえで最も大切なポイントは何でしょうか。

　それは、「誰が、どうして、お金を払ってくれるのか？」ということです。

　ビジネスプランの策定にあたっては、市場性や資金調達の計画および組織体制など、考えるべきことが数多くあります。

　しかし、結局のところ「誰が、どうして、お金を払ってくれるのか？」という根幹が曖昧なビジネスプランが受け入れられることはまずありません。

　逆にいえば、この「誰が、どうして、お金を払ってくれるのか？」が明確になっていれば、それ以外のところで多少違和感があっても、そのビジネスプランは高い評価を受けるし、現実のビジネスとして成り立つことが多いのです。

　では、どのようにすれば「誰が、どうして、お金を払ってくれるのか？」を明確にできるのでしょうか。

　最も簡単な方法は、**実際に売ってみる**ことです。

　実際に売れている商品やサービスには誰も反論できません。しかし、起業前や、販売やサービスの提供までに資金や時間を要する場合には、実際に売ってみることはできません。そのときには、「誰が、どうして、お金を払ってくれるのか？」について証明する必要があります。

　誰もが自分の考えた商品やサービスはたくさん売れると思っています。しかし、販売を開始していない（世に出ていない）商品やサービスが売れることを証明するのは非常に難しいことです。

　なぜなら、その商品やサービスを売りたいと考えている人々だけではなく、ターゲットとは異なる人々をも完全に納得させなければならないからです。自分とは知識も性格も生まれ育った文化も異なる人々に、です。

　「誰が、どうして、お金を払ってくれるのか？」を証明するうえで、まず次

の3つは確実に満たしておく必要があります。
　⑴　論理的に矛盾がない
　⑵　知識的に理解できる
　⑶　経験上も理解できる

　以下、これらについて解説していきます。

⑴　論理的に矛盾がない

　「論理的に矛盾がない」。これは当たり前のことです。しかし、ビジネスプランコンテストの審査員をしていると、論理的な矛盾に気づくことが頻繁にあります。

　例えば、ペットボトルのお茶の事例でいえば、1本150円の商品を販売するのに、広告宣伝費予算を予定販売本数で割ってみると1本あたり150円を超えているような場合です。

　もちろん、そこに明確な理由があれば問題はありません。しかし、それを指摘されて初めて気がつくようでは、ビジネスモデルとして成立していないと言われても仕方がありません。

⑵　知識的に理解できる

　「知識的に理解できる」。これは気づいていない人も多いと思います。

　知識的に理解できるとは、自分がきちんと知識的に理解できているということではなく、話を聞いている**相手が知識的に理解できる**という意味です。

　言い換えると、相手が知識的に理解できるようにする必要があるということです。

　例えば、ペットボトルのお茶の事例でいえば、「知覧茶入りで美味しいのです」と突然言われても、知覧茶を知らない人からすれば理解できないでしょう。

　「実は鹿児島県は日本有数のお茶の産地です。そして知覧茶は、その鹿児島県のお茶のブランドなのです」という説明を先にしておくべきです。

　ただし、お茶の業界や鹿児島県にゆかりのある方々には、その説明は必要ないかもしれません。

　大切なのは、知識的に相手が理解できるように配慮して説明するということです。

(3)　経験上も理解できる

　「経験上も理解できる」。これが納得してもらうためには重要です。

　論理的に矛盾がなく、知識的にも理解できれば、その商品やサービスの有用性は納得できているはずです。

　しかし、有用性が高いのと、売れるのは違います。皆さんも有用なものだからといって、すぐに購入することはないでしょう。むしろ、（あとで考えると）無用なものを買ってしまうことのほうが多いかもしれません。

　そこで大切なのが、経験上も理解できるということです。それは、「あー、たしかにそれならば欲しいな」とか「たしかに、それならば買ってしまうな」といった共感を引き出すために必要なのです。

　ただし、これは全員に通じる手段はありません。なぜなら、知識も性格も生まれ育った文化も異なる人々は、その経験も全員が異なるからです。

　しかし、より多くの方々に共感してもらえる事例を考えることはできます。

　ペットボトルのお茶を事例に考えてみましょう。

　「これは、高齢者の方が美味しく飲めるお茶です。なぜなら、高齢者の方がお家の急須でお茶を淹れるように、1本ずつ本当に急須で淹れたお茶をペットボトルに詰めているのです」という説明を加えることで、皆さんも高齢者の方が急須を使ってお茶を淹れている様子が目に浮かぶのではないでしょうか。

　ここが大事なポイントなのです。

　実際にその様子を見たことがない人でも、多くの場合、テレビや雑誌などを通じて、その場面のイメージを共有しています。したがって、この「高齢者の方がお家で急須を使ってお茶を淹れている」というイメージは経験上も理解できるのです。

　このように、ビジネスプランを策定するときには、「論理的に矛盾がない」、「知識的に理解できる」、「経験上も理解できる」という3つの条件を満たした文章を起こしてみることをお勧めします。

ペットボトルのお茶の事例を文章にすると、次のようなイメージになります。
「鹿児島県を観光で訪れる高齢者の皆さまに対して、日本有数のお茶の産地である鹿児島県のブランド茶『知覧茶』を、毎朝、急須で淹れてペットボトルで提供することで、手軽に新鮮なお茶を楽しんでもらえる。」

実際のところ、これを実現していくためにはいろいろと課題があると思います。
それでも、例えば、JR鹿児島中央駅周辺のお弁当屋さんと提携させてもらって販売すれば、通常のペットボトルのお茶より多少値段が高くなっても、それなりの本数が売れそうな気がしますし、また、高齢者をターゲットにおいていますが、実際には海外からの観光客や若者にも売れるかもしれません。
これに実際の数値計画などを盛り込んでいくことでビジネスプランが作成されていきます。

このように、「誰が、どうして、お金を払ってくれるのか？」を明確にしていくことがビジネスプランの礎になっていくのです。
ここではなるべく多くの方々がイメージしやすいように、身近なペットボトルのお茶を題材としました。そこで、お茶についていろいろと調べていたところ、偶然にも先日講演で訪れたばかりの鹿児島県が日本有数のお茶の産地であることを知ったのです。「名勝 仙巌園」（薩摩藩島津家別邸）から見える桜島の美しい景色と黒豚をはじめとする数多くの美味しい郷土料理を味わえる素晴らしいところでした。次回はぜひゆっくりと「知覧茶」を味わってみたいと思います。

＊追記
本書を執筆している頃、お茶の産出額において、初めて鹿児島県が静岡県を抜いて日本一になったとのニュースが流れていました。時代は流れ常識が変わっていくと感じるとともに、改めてナンバーワンであることの大切さを実感することになりました。

■成功するためのビジネスプランの策定

　ビジネスプランの内容は、企業内部のことだけではなく市場動向など外部環境のことも含めて多岐にわたるため、策定の手法や順序は各社で異なります。皆さんもさまざまな手法を学んだうえで自社に合ったものを選ぶとよいでしょう。

　ここでは、当社で実践してきたビジネスプランの策定について、必要な周辺知識とともに学んでいきたいと思います。

(1)　企業理念

　まず、企業理念を明文化しなければなりません。

　企業理念とは、その企業の存在価値を明記したものであり、すべての従業員の進むべき方向性を示す道標となります。また、何かの判断をするときの軸となるのも企業理念です。

　経営者は、この企業理念を自ら考えて、明文化しなければなりません。もちろん、他の役員や従業員と話し合って考えることは問題ありませんが、企業理念を決めるのは経営者でなければならないと思います。

　良い表現がなかなか出てこない場合に、経営コンサルタントやコピーライターなど外部の専門家に相談することはあっても、やはり決めるのは経営者であるべきです。

　なるべく短く、端的に自社の存在価値を示すことができる企業理念を考えていただきたいと思います。

　ちなみに当社の企業理念は、「創造・誠実・躍進」と非常にシンプルな3つの言葉となっています。

　これには、お客様とともに新しいビジネスを「創造」し、皆さまへの感謝の気持ちを忘れることなく「誠実」な経営を続け、全員が自らの仕事に誇りを持ち、笑顔あふれる企業になれるように「躍進」していきたいという想いが込められています。

⑵ ビジョン策定と３Ｃ分析

　企業理念を明文化したら、次にビジョンの策定を行ないます。

　ビジョンとは、企業理念に沿った中期経営目標でもあり、数年後の企業の「あるべき姿」ともいえます。したがって、数値目標も含めた具体的な表現が求められます。

　企業理念と環境分析からビジョンを策定する方法もありますが、当社では、３Ｃ分析という手法を活用しています（もちろん、当社でも企業理念をしっかりとふまえてビジョンを策定しています）。

　３Ｃ分析とは、「自社（Company）」、「顧客（Customer）」、「競合（Competitor）」の特徴を整理・分析することでビジョン策定を進めていく手法です。

　実際に３Ｃ分析を行なっていく際には、自社の特徴、顧客の特徴、競合の特徴のそれぞれについて、必要なメンバーから意見を出してもらい集約します。そして、集約された自社の特徴、顧客の特徴、競合の特徴をもう一度、参加者全員で振り返ってビジョンを策定します。

　ビジョンを考えるときには、企業理念をふまえたうえで、「そのビジョンで自社の特徴を活かせているのか？」、「そのビジョンで顧客の求めているものを提供できるようになるのか？」、「そのビジョンで競合に勝てるのか？」を何度も繰り返し考えることで、素晴らしいビジョンが策定できるようになります。

　なお、企業ビジョンは、３年後の自社の姿を見据えて策定していくとよいといわれています。また、個人的な所感ですが、やはり企業ビジョンは経営者の想いが強く反映されるものであり、３Ｃ分析で得られた自社の状況分析を冷静に判断したうえで、経営者が中心となって決定されるケースが多いと思われます。

　特に数値目標（売上や利益など）はその傾向が顕著に表れます。

　つまり、３Ｃ分析から企業ビジョンが生まれるのではなく、経営者の想いから生まれる企業ビジョンを客観的に分析し、修正するために３Ｃ分析を活用するといったほうが正しいのかもしれません。

　企業ビジョンが策定できたら、**図２−７**のように３Ｃ分析の結果を転記・整理して、いつでも振り返ることができるようにしておきます。

図2-7　3C分析の当社事例

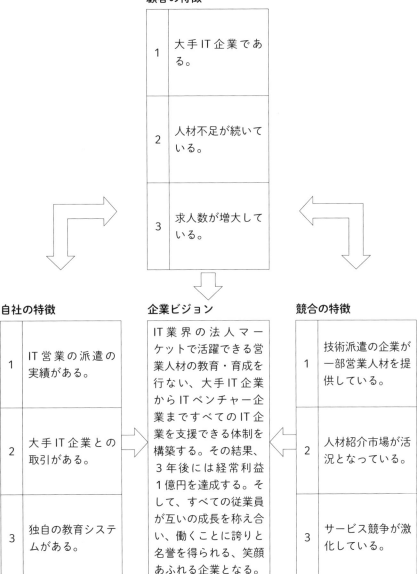

顧客の特徴

1	大手IT企業である。
2	人材不足が続いている。
3	求人数が増大している。

自社の特徴

1	IT営業の派遣の実績がある。
2	大手IT企業との取引がある。
3	独自の教育システムがある。

企業ビジョン

IT業界の法人マーケットで活躍できる営業人材の教育・育成を行ない、大手IT企業からITベンチャー企業まですべてのIT企業を支援できる体制を構築する。その結果、3年後には経常利益1億円を達成する。そして、すべての従業員が互いの成長を称え合い、働くことに誇りと名誉を得られる、笑顔あふれる企業となる。

競合の特徴

1	技術派遣の企業が一部営業人材を提供している。
2	人材紹介市場が活況となっている。
3	サービス競争が激化している。

（注）　本書に掲載している当社の事例は、わかりやすいように簡略化しています。

(3) SWOT分析

続いてSWOT分析を行ないます。

SWOT分析とは、自社の**強み**（Strength）、**弱み**（Weakness）、**機会**（Opportunity）、**脅威**（Threat）を整理・分析する手法です（**図2-8**）。

図2-8 SWOT分析

	プラス	マイナス
内部環境	強み（Strength）	弱み（Weakness）
外部環境	機会（Opportunity）	脅威（Threat）

「強み（S）」と「弱み（W）」をあわせて内部環境ともいわれ、ここでは自社で取り組むことのできる範囲の事項を抽出します。例えば、「○×が得意です」とか「○×が苦手です」という事項になります。

一方、「機会（O）」と「脅威（T）」をあわせて外部環境ともいわれ、ここでは自社で取り組むことができない範囲の事項を抽出します。例えば、「新しい法律が出来た」とか「人口が減少した」という事項になります。

さて、実際に当社でSWOT分析を行なうときには、先ほどの3C分析と同様に、必要なメンバーから意見を出してもらい、それを集約します。

SWOT分析を進めるうえでもう1つ大事なポイントがあります。それは、**必ず企業理念とビジョンに沿って、「強み」、「弱み」、「機会」、「脅威」を考えていかなければならない**ということです。

具体例を挙げて補足すると、当社の事例では、「内部スタッフの人材が不足している」という項目が弱みになっています。しかし、例えば、当社のビジョンが「少数精鋭を目指す！」ということならば、この項目は弱みとして出てこなかったかもしれません。

このように、SWOT分析を行なうときには、常に企業理念とビジョンを見ることができる状態にしておくと間違った議論に進んでしまうことが少なくなります。

このとき、よく似た意見がたくさん出てくるので、必要なメンバーで議論し

ながら、「強み（S）」、「弱み（W）」、「機会（O）」、「脅威（T）」の各項目で意見を集約していきます。そして、意見が集約できたところで、**図2−9**のように SWOT 分析の結果を転記・整理して、いつでも振り返ることができるようにしておきます。

図2−9　SWOT 分析の当社事例

強み（S）

1	当社オリジナルの教育プログラムがある。
2	コミュニケーション重視で採用している。
3	大手 IT 企業への派遣実績がある。

弱み（W）

1	IT 営業アウトソーシング事業自体の知名度が低い。
2	個人の能力に依存している。
3	内部スタッフの人材が不足している。

機会（O）

1	システム営業の求人数が多い。
2	転職マーケットが活況である。
3	派遣事業は、市場規模が拡大している。

脅威（T）

1	大手派遣会社の参入がある。
2	採用コストや人件費が増大する。
3	IT 業界全体が衰退する。

(4) 戦略の策定

続いて、ビジョンと現状分析（3C 分析と SWOT 分析）を活用して戦略を策定します。

ビジョンと現状の間には必ずギャップが存在するはずです。まさに、このギャップを埋めるために何をしなければならないのかを考えていくことが戦略の策定にほかなりません。

一般的な理念とビジョンと現状の関係を、**図2−10**のように成長度と時間軸で整理して示します。

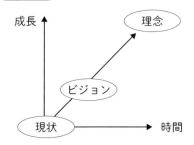

図2−10　理念とビジョンの関係⑴

　この図における理念とは、はるか先の遠い未来に企業が成長し、実現することができる理想、世界観であり、揺らぐことのない最終到達目標です。

　はるか昔、真っ暗な夜の航海でも迷わないように輝き続ける北極星のような存在ともいえます。

　また、ビジョンは、企業が理念に向かって、ある一定期間を進んだときのあるべき姿を具体的に記載したものです。

　したがって、理念と現状を結んだ直線上にビジョンは存在することになります。

　そして、この数年後のあるべき姿であるビジョンと現状とのギャップが戦略となります。すなわち、**現状からビジョンに到達するために、いつ、何を、どのようにして成長させていくのかを明文化することが戦略なのです**（図2−11）。

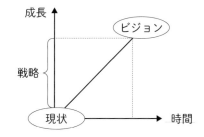

図2−11　理念とビジョンの関係⑵

■目標達成のための KPI（業績評価指標）の設定

ビジネスプランの策定において、もう1つだけ頻繁に使われる用語があります。それが KPI です。

すでにビジネスプランコンテストなどベンチャー関連のイベントなどでは、一般用語としてこの言葉が飛び交っています。

まず、KPI とは Key Performance Indicator の略称であり、日本語では「**重要業績評価指標**」または「**業績評価指標**」といわれ、**戦略がどれくらい実行されているのかを管理するための定量的な指標**です。

つまり、定性的な指標を定量的な指標に変換することにより、数値で戦略の実行度合いを管理するということです。

具体的には、売上や利益のような財務数値だけで事業の進捗を管理するのではなく、例えば、顧客の獲得数やリピート率などの将来の売上や利益につながるような定量的な指標を定めて、その進捗を把握していくものです。

売上や利益のような結果指標ではなく、顧客の獲得数やリピート率などの現場が目の前で見える先行指標によって管理していくことで、**より事業の進捗を見える化し、実行を確実にすることができます**。

これらの知識をふまえて、理念やビジョンを考えて3C分析や SWOT 分析による現状分析を行ない、そのギャップを埋めるように戦略を策定していきます。

そして戦略の実行を確実にするための KPI を設定します。

これに売上や利益などの予算と資本政策などの財務計画を加えることで、ビジネスプランを描くために必要な要素が揃います。

繰り返しになりますが、ビジネスプランの策定は、企業内部のことだけではなく市場動向など外部環境のことも含めて多岐にわたるため、策定の手法や順序は各社で異なります。

まだ良い手法が見つかっていない方は、まずは当社の事例に沿ってビジネス

プランを策定してみることをお勧めします。

■バランス・スコアカードの活用

　当社ではビジネスプランを策定するときに、バランス・スコアカード（BSC）という手法を用いています。

　バランス・スコアカードは、1992年に、ロバート・S・キャプラン（ビジネススクール教授）とデビッド・ノートン（コンサルタント）が『Harvard Business Review』誌上に発表した**業績評価システム**です。

　当社が創業した2002年頃には日本国内においても大手企業を中心に多くの企業に導入されており、当時、当社はベンチャー企業としてはいち早くこれを導入し、実践してきました。

　その後もさまざまなビジネスプランや経営戦略の策定手法が発表されていますが、当社では、とても汎用的で理解しやすい、このバランス・スコアカードという手法を継続して活用しています。

　一方、必ずしもこの手法にこだわる必要はなく、これ以外でも自社に合ったビジネスプランや経営戦略の作成手法を選べばよいでしょう。

　さらにいうと、このバランス・スコアカードは、まだ経営戦略を固めきれない時期の新規事業の創出には不向きな部分もあることをあらかじめ理解しておいていただきたいと思います。

　以下、汎用的なビジネスプランの策定方法の参考としてバランス・スコアカードの概論を述べていきます。

(1)　バランス・スコアカード概論

　まず、バランス・スコアカードとは何か？

　実際にはその定義は諸説ありますが、本書では端的に次のように表現しておくことにします。

　バランス・スコアカードとは、「財務」、「顧客」、「業務プロセス」、「人材と

42

変革」の４つの視点で経営戦略を策定し、その実行を管理するための経営手法です。

　企業のビジョン（あるべき姿）を達成するためのアクションプラン（行動計画）を立てるときに、「財務」、「顧客」、「業務プロセス」、「人材と変革」の４つの視点で考えることによって、短期と長期などのさまざまなバランスを考慮した計画が策定できるようになります。

　具体的には、戦略を可視化するための「**戦略マップ**」と戦略の実行を管理する「**スコアカード**」を作成し、Plan（計画）、Do（実行）、Check（進捗管理）、Action（達成度・状況に合わせた見直し）を確実に進めます。

　したがって、バランス・スコアカードを導入する際には、戦略マップとスコアカードを作成することになります。

　なお、書籍によっては、戦略マップとスコアカードをあわせてバランス・スコアカードと呼び、それらを分けずに説明しているものもあります。しかし、当社の場合、戦略マップとスコアカードは使い方が明確に異なるため、本書ではそれらを切り分けて解説します。

⑵　バランスの意味

　次に、バランス・スコアカードの「バランス」とは何のバランスのことでしょうか。これを理解しておくことが経営者に大切な視点を与えてくれます。

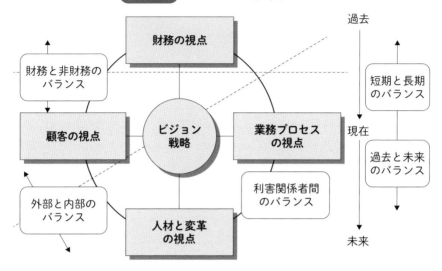

図 2 −12 バランスの意味すること

図 2 −12のように、バランス・スコアカードでは、短期と長期、外部と内部、財務と非財務、過去と未来、利害関係者間のさまざまなバランスを考えて作成することになります。

それぞれのバランスについて、さらに詳しく述べていきます。

① 短期と長期のバランス

1980年代、米国では、財務に偏った短期的志向の経営が中心となり、経済全体の活力が失われていました。その理由の１つが米国の株主中心主義にあるといわれています。

つまり、株主配当や株価向上を目的として、短期的な利益を追求し、人材育成や設備投資などを控えることで、長期的な成長の視点が軽視されたことが原因です。

日本国内でも同様に、バブル崩壊後のリストラにあわせて、短期的な利益の追求に偏った経営をする企業が数多く見られました。

企業が採用費や教育費を抑制すると、たしかに短期的には利益は向上します。しかし、人材の採用や育成が行なわれなければ、長期的な成長を続けていくこ

とは非常に困難になります。

ここでいう短期と長期のバランスとは、短期的な指標である「財務の視点」と長期的な指標である「人材と変革の視点」のバランスといえます。このように長期的な成長と短期的な利益のバランスを考えた戦略を構築することが大切です。

② 過去と未来のバランス

貸借対照表（以下、B/S）や損益計算書（以下、P/L）などに代表される財務諸表から得られる結果を分析することを財務分析といいます。

過去の経営状況を認識するために財務分析は非常に有効です。しかし、B/SやP/Lなどの財務諸表に表れている数字は、あくまでも過去の結果でしかありません。

バランス・スコアカードでは、過去の結果からの戦略策定ではなく、企業のビジョン（あるべき姿）に向けて、過去の結果に縛られることなく自由な発想で、未来に向けた戦略策定を行なうことが求められています。

具体的には、「来期の利益は今期比20％アップの１億2,000万円を目指そう」といった過去からの目標設定ではなく、「こんな企業にしていきたいから、そのために来期の利益は１億2,000万円にしていこう」という感じになります。

とはいうものの、当然、過去の結果をしっかりと分析しなければ経営課題も見つかりません。「温故知新」ということわざがあるように、過去の事実を研究し、そこから新しい知識や見解が生まれることもあります。

つまり、過去の結果も未来への目標もどちらも大事なのです。

③ 利害関係者間のバランス

企業にはさまざまな利害関係者（ステークホルダー）が存在します。

ステークホルダーとは、お客様、株主などの金銭的な利害関係者はもちろんのこと、従業員、地域住民、官公庁、金融機関なども含みます。それぞれの立場によって、必ずしも利害関係は一致するわけではなく、むしろ相反する場合が多く存在します。

例えば、お客様はより安く商品が購入できることを望みますが、従業員はよ

り高く商品を販売して企業の利益が増えることで高い報酬が得られることを望みます。同じように、株主はより多くの配当や株価の向上を望みますが、経営者は利益の留保や成長のための投資を望みます。

　それぞれどちらが大事なのか。もちろん、どちらも大事です。企業に関わるすべての利害関係者のバランスを考えながら経営戦略を策定していくことが求められます。

④　財務と非財務のバランス

　従来、企業では財務分析だけが重要視されてきたといえます。もちろん、B/S や P/L などに代表される財務諸表から得られる結果を分析することは、いまでも非常に重要であることは変わりません。

　しかし、企業の成長のためには、財務以外の目に見えない指標も重要であることが近年認識されてきました。お客様の満足度である**顧客満足度（CS）**や従業員のモチベーションである**従業員満足度（ES）**と呼ばれるものは、その代表格です。

　これまでは、財務分析と顧客満足度（CS）や従業員満足度（ES）は別々に議論され、管理・分析されることがほとんどでした。

　バランス・スコアカードでは、財務指標を中心とした「財務の視点」と非財務指標を中心とした「顧客の視点」、「業務プロセスの視点」、「人材と変革の視点」の両方を包括して、そのバランスを考えながら経営戦略を策定します。また、バランス・スコアカードでは、「顧客の視点」、「業務プロセスの視点」、「人材と変革の視点」などの非財務指標を、定性的ではなく定量的に管理します。

⑤　外部と内部のバランス

　お客様の満足度である顧客満足度（CS）と従業員のモチベーションである従業員満足度（ES）は、どちらが大切でしょうか？　もちろん、どちらも大切です。

　バランス・スコアカードでは、外部指標である「財務の視点」、「顧客の視点」と、内部指標である「業務プロセスの視点」、「人材と変革の視点」のバラ

ンスを考えながら経営戦略を策定します。

　総じてバランス・スコアカードでは、外部環境や内部環境などの現時点での
さまざまな要因だけではなく、過去と未来、短期と長期のような時間軸でもバ
ランスを考慮している点が特徴といえます。

【戦略マップとスコアカード】

　続いて、戦略マップとスコアカードの特徴について述べていきます。

　まず、戦略マップは、戦略の流れに沿って、企業ビジョン（あるべき姿）を
実現するための仕組みを社内・社外に明確に説明するために活用します。企業
ビジョンを社内・社外にわかりやすく発信していくことは、経営者として最も
大切な仕事の１つです。

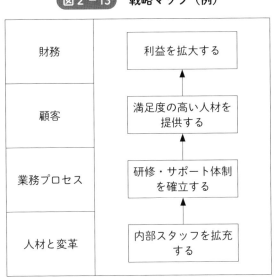

図2-13　戦略マップ（例）

（注）　本書に掲載している戦略マップやスコアカードなどは、わかりやすくするため簡略化
　　　しています。

　戦略マップでは、「財務」、「顧客」、「業務プロセス」、「人材と変革」の４つ
の視点に重要な戦略をカード方式で並べて因果関係に沿って矢印でつなぎます

（図2-13）。

戦略マップを作成するときには、因果関係が非常に重要です。人材と変革の視点から財務の視点まで、一連の流れで説明できるように作成します。

例えば、図2-13では、人材の採用を行ない（人材と変革の視点）、教育システムを実施して（業務プロセスの視点）、ニーズに合った人材を提供する（顧客の視点）ことで、利益の拡大を図る（財務の視点）という流れになります。

このとき、上下の関係は、Why（なぜ？）に対して、Because（なぜなら〜）の関係で結ばれます。

同様に、図2-13で見れば、

- なぜ、利益を拡大できるの？（財務の視点）に対して、
 ⇒なぜなら、満足度の高い人材を提供するから（顧客の視点）
- なぜ、満足度の高い人材を提供できるの？（顧客の視点）に対して、
 ⇒なぜなら、研修・サポート体制を確立するから（業務プロセスの視点）
- なぜ、研修・サポート体制を確立できるの？（業務プロセスの視点）に対して、
 ⇒なぜなら、内部スタッフを拡充するから（人材と変革の視点）

という要領です。

実際に戦略マップを作成するときには、「財務の視点→顧客の視点→業務プロセスの視点→人材と変革の視点」というように、上から下に作成していきます。

また、戦略マップを使って戦略全体を説明するときには、「人材と変革の視点→業務プロセスの視点→顧客の視点→財務の視点」というように、下から上に説明していきます（図2-14）。

図 2 − 14　戦略マップの作成と説明の流れ

＜作成するとき＞	＜説明するとき＞
財務の視点	財務の視点
⇩	⇧
顧客の視点	顧客の視点
⇩	⇧
業務プロセスの視点	業務プロセスの視点
⇩	⇧
人材と変革の視点	人材と変革の視点

次に、スコアカードは、戦略マップで作成された戦略を確実に遂行していくためにも使います。

図 2 − 15　スコアカード（例）

視点	戦略	重要成功要因	業績評価指標	目標	単位	アクションプラン
財務	利益を拡大する	配属人数の増加による売上拡大	新規配属人数	24	人	顧客への定期的なアプローチを実施する
顧客	満足度の高い人材を提供する	お客様満足度を正確に把握する	アンケート回収数	36	通	アンケート作成・依頼・回収を実施する
業務プロセス	研修・サポート体制を確立する	定期的な研修の実施	研修開催数	12	回	外部教育機関および教材を活用する
人材と変革	内部スタッフを拡充する	内部メンバーの増員	増員数	2	人	求人媒体による人材採用を実施する

スコアカードは、戦略マップで作成された 4 つの視点における戦略について、**重要成功要因**を定め、それを定量的に管理するための**業績評価指標**を決定します。そして、目標数値とアクションプランを作成します（**図 2 − 15**）。

重要成功要因とは、企業のビジョン（あるべき姿）や戦略を達成するために重要な成功要因のことであり、業績評価指標とは、戦略および重要成功要因がどれくらい実行されているのかを管理するための定量的な指標を定めるための

ものです。

戦略から重要成功要因を作成するときには、How？（どのようにして？）の関係で結ばれます。

例えば、図2-15では、どのようにして利益を拡大（戦略）するのかに対して、配属人数の増加による売上拡大（重要成功要因）をする、という関係になります。

さらに、スコアカードでは、定性的な目標についても、定量的な業績評価指標を定めることで、戦略の実行状況を明確に管理できるようになります。月次で目標数値とアクションプランを定めて、毎月、結果の反省を行なうことで、事業計画の確実な遂行を実現します。

計画を立てて実行する。当たり前のことですが、これがなかなか実現できないものです。

「経営とは実行することである。」

以前、恩師から教えてもらった言葉です。私は、バランス・スコアカードを実践するなかで改めてこの言葉をかみしめています。

(3)　計画損益計算書とバランス・スコアカード

ここでは、P/Lを用いてバランス・スコアカードとの関連性を考えてみます。

最近では、**計画損益計算書**（以下、計画P/L）を作成する中小企業が増えてきました。厳しい状況下で融資などを受けるために必要なことも一因にあります。

実は、この計画P/Lとバランス・スコアカードの作成過程には、よく似たところがあります。

次のような前提で、簡易なP/Lを用いて解説します。

売上高－原価＝売上総利益

売上総利益－販売管理費＝営業利益

なお、原価率（＝原価÷売上高）は、常に50％としています。また、販売管

理費の勘定科目として、人件費、販売促進費、その他の３つを記載しています。

図2−16　すべての項目が50％ずつ向上する場合

		＜過去＞		＜現在＞		＜未来＞
売　上　高		100		150		225
原　　　価		50		75		113
売上総利益		50		75		113
販売管理費		30	→	45	→	68
	人　件　費	10		15		23
	販売促進費	10		15		23
	そ　の　他	10		15		23
営　業　利　益		20		30		45

　図２−16のように、すべての項目が50％ずつ向上すれば、着実に企業は成長していくわけですが、そのような理想論は、現実的には存在しません。

図2−17　人件費を50％削減した場合

		＜過去＞		＜現在＞		＜未来＞
売　上　高		100		100	→	50
原　　　価		50		50		25
売上総利益		50		50		25
販売管理費		30		25		25
	人　件　費	10	→	5		5
	販売促進費	10		10		10
	そ　の　他	10		10		10
営　業　利　益		20	→	25	→	0

　次に、図２−17のように、短期的な利益を向上させるために人件費を削減

（10→5）すると、一時的に利益は向上（20→25）します。

　しかし、もし業務効率を向上させることができなければ、当然、長期的には、売上高は減少することになります。その結果、将来的な営業利益も減少します。

　短期的な利益を追求しすぎて、長期的な利益を失っているケースです。

　このような失敗をしないように、短期と長期のバランス、つまり、「財務の視点」と「人材と変革の視点」のバランスを考えて事業計画を立案することが重要です。

図2-18　販売促進費が100%増加した場合

		＜過去＞		＜現在＞		＜未来＞
売　上　高		100		100	→	150
原　　　価		50		50		75
売上総利益		50		50		75
販売管理費		30		40		40
	人　件　費	10		10		10
	販売促進費	10	→	20		20
	そ　の　他	10		10		10
営　業　利　益		20	→	10	→	35

　図2-18のように、販売促進費が増加（10→20）すると、一時的に営業利益は減少（20→10）しますが、それによって顧客満足度が向上すれば、将来的には売上高は増加します。その結果、将来的な営業利益も増加します。

　このように、過去と未来のバランス、つまり、「顧客の視点」と「財務の視点」のバランスを考えて事業計画を立案することが重要です。

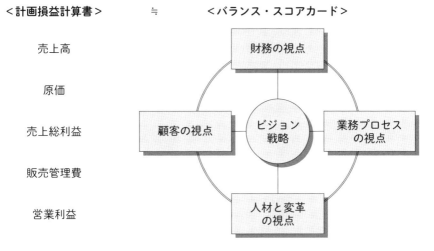

図2-19 計画 P/L とバランス・スコアカードの類似点

計画 P/L を作成するときには、ほとんどの経営者は、当たり前のようにバランス・スコアカードの4つの視点を考えて作成しているはずです。しかし、残念ながら、**計画 P/L だけでは、経営者の考えていることはほとんど理解されることはありません。**

なぜなら、計画 P/L は単に数字が並んでいるだけだからです。

バランス・スコアカードは、その数字が並んでいるだけの計画 P/L を、わかりやすい日本語にして、社内・社外の多くの方々に理解しやすく表現しているともいえます。

また、逆に、バランス・スコアカードの概念を理解していれば、短期の利益と長期の成長のバランスがとれた計画 P/L を作成することも可能になるのです。

⑷　ビジョンと戦略は B/S と P/L

前述したように、ビジョンとは、企業理念に沿った中期経営目標でもあり、数年後の企業の「あるべき姿」ともいえます。

ビジョンと現状には必ずギャップが存在します。そのギャップをどのように埋めるのかを考えていくことが戦略を創っていくことにほかなりません。

これを図示すると、**図2−20**のようになります。

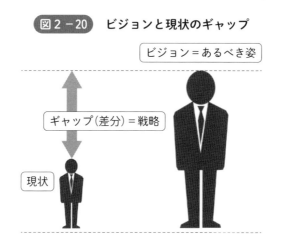

図2−20　ビジョンと現状のギャップ

一方、B/SとP/Lの関係は**図2−21**のように表すことができます。

図2−21　貸借対照表（B/S）と損益計算書（P/L）の関係

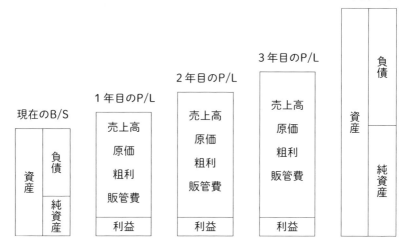

すなわち、将来のあるべきB/Sに近づけていくために計画P/Lを作成して

いきます。この過程はビジョンと現状から戦略を考えていく過程に類似することが数多くあります（**図2-22**）。

図2-22 ビジョンと B/S および P/L との関係

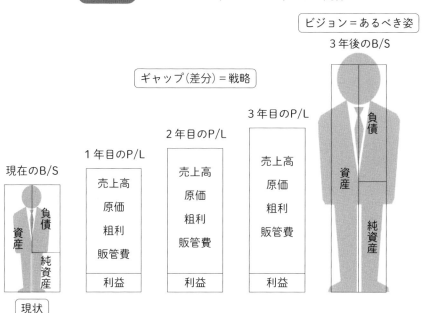

つまり、計画P/Lと戦略との違いは、その表現方法が数値なのか日本語なのかにあるともいえます。

(5)　バランス・スコアカードのまとめ

ここで、もう一度、バランス・スコアカードの基本について整理しておきます。

まず、バランス・スコアカードの特徴として、企業の目標（ビジョン）を達成するための行動計画（アクションプラン）を立てるときに、「財務」、「顧客」、「業務プロセス」、「人材と変革」の4つの視点で考えることによって、短期と長期などのさまざまなバランスを考慮した計画が策定できるようになります。

つまり、「目標を達成するために行動計画を立てる」という部分だけに着目すれば、従来行なってきた経営手法と大きな違いはありません。

しかし、バランス・スコアカードでは、「戦略マップ」を活用しながら、「財務」、「顧客」、「業務プロセス」、「人材と変革」の4つの視点で考えることによって、短期と長期などのさまざまなバランスを考慮した計画を策定することができます。

この「戦略マップ」は、戦略を可視化することによって社内・社外に対して会社の方向性を明確にするためのコミュニケーションツールとしても活用することができます。

また、「スコアカード」を活用することで、行動計画を立てて終わりではなく、業績評価指標を定め、計画の進捗を定量的に管理することで、計画の遂行を確実にすることができます。

さらに、バランス・スコアカードは、一度作成すればそれで終わりではありません。Plan（計画）→ Do（実行）→ Check（進捗管理）→ Action（達成度・状況に合わせた見直し）のサイクルを何度も繰り返すことで、より自社に適したバランス・スコアカードを作成し、素晴らしい戦略を構築していくための経営手法なのです。

そして、バランス・スコアカードを活用してビジネスプランを策定していくことは、「従業員」、「お客様」、「取引先」、「株主」の4つの視点を活用して「経営視点」をもってビジネスプランを策定することに類似しています（**図2－23**）。

図2－23　バランス・スコアカードと経営視点の類似性

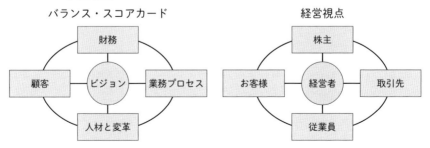

■事業計画の策定

　ここでは、ビジネスプランを事業計画書として明文化していくためのポイントについて説明していきます。

　「机上の空論」という言葉がありますが、これは私の嫌いな言葉の1つです。

　時折、経営者の方に事業計画書をしっかりと作成していくべきであるとアドバイスをしても、「そんなものは机上の空論だから、実際のビジネスでは役に立たない」と言われることがあります。しかし、これはまったく違います。

　私はこう思っています。

「机上で成功しないビジネスが現実の世界で成功するわけがない。」

　しかし、現実の世界では、事業計画書を作成せずに利益を上げている企業もあります。

　ただし、これは経営者の勘で偶然ヒット商品やサービスが出来てしまっただけであり、企業が長続きする可能性も上場できる可能性も非常に小さいといえます。なぜなら、上場企業には、組織で経営を行ない、必然的に商品・サービスを販売することで利益を上げることが求められるからです。

　当然、ベンチャーキャピタルから投資を受けるうえでも、事業計画書の作成は非常に重要なポイントです。

　事業計画書を作成するなかで、経営者の想いを現実的なビジネスモデルに進化させていくのです。

　事業計画書は、どんなに時間を費やしても、経営者が自ら中心となって作成するべきだと思っています。仮にすべてを作成することが難しくても、最終的な構成や表現の変更は経営者が自ら行なうべきです。

　なぜなら、**事業計画書こそが企業の成功への道標**だからです。

　いきなり完璧な事業計画書が作成できるかというと、それは非常に困難なことです。当社の場合を振り返っても、創業当初の事業計画書はとても稚拙で、恥ずかしながらいまではまったく見られたものではありません。

皆さんも何度もブラッシュアップして独自性の高い素晴らしい事業計画書を作成していただきたいと思います。

ここでまず、一般的な事業計画書の目次を記載しておきます。
これらの目次は、業種業態によって項目なども柔軟に変更するほうがよいでしょう。

事業計画書

Ⅰ．会社概要
　(1)　会社概要（会社名・代表者名・所在地・設立年月日・資本金等・従業員数・主要取引先・沿革など）
　(2)　企業理念・ビジョン
　(3)　役員紹介（マネジメントチーム）
　(4)　組織図
　(5)　過去の財務状況（直近３年程度の損益計算書）

Ⅱ．事業内容
　(1)　事業内容（商品・サービスの概要）
　(2)　ビジネスモデル（収益構造など）
　(3)　知的財産権の取得の状況（特許など）
　(4)　市場の背景（市場規模や社会に必要とされる理由など）
　(5)　現状分析（SWOT 分析など）
　(6)　競合分析（類似および代替品との比較）
　(7)　事業の課題やリスク

Ⅲ．成長戦略
　(1)　経営戦略
　(2)　営業手法（販売価格・販売方法・PR 手法など）

(3)　営業計画（行動計画＝アクションプラン・業績評価指標＝ KPI など）

(4)　数値計画（売上・利益計画・資金計画・人員計画・資本政策など）

(5)　成長イメージ（長期的な展望）

　また、当社が上場前に作成した最後の事業計画書から、参考になると思われるページを抜粋して以下に掲載します。

　なお、最新の事業計画書については、当社 Web サイトの IR 資料にてご覧いただけます。この２つを見比べていただくと上場の前後での変化もわかるのではないでしょうか。「ＢＣＣ株式会社　IR 資料」と検索していただき、最新の「事業計画及び成長可能性に関する事項」という資料をご覧ください。

　皆さんの夢を実現するための素晴らしい事業計画書が出来上がることを心から願っています。

図2−24　当社の事業計画書（抜粋）

事業計画書

BCC株式会社

https://www.e-bcc.jp

2020年10月

会社概要

商　　　　号	ＢＣＣ株式会社
所　在　地	大 阪 本 社：大阪市西区京町堀1-8-5 明星ビル12F 東 京 本 社：東京都千代田区外神田6-15-9 明治安田生命末広町ビル9F
設　　　　立	2014年1月20日（創業 2002年3月6日）
代表取締役社長	伊藤 一彦
資 本 金 等	2億5,600万円（2020年10月1日現在）
従 業 員 数	182名（2020年10月1日現在）
許　認　可	労働者派遣事業（派27-302361） 有料職業紹介事業（27-ユ-302045） プライバシーマーク認定（第10861424(07)号） 電気通信事業（E-28-03972）
受　賞　歴	2005年　1月　大阪市ビジネスプランコンテスト最優秀賞 2013年　5月　経済産業省『多様な「人活」支援サービス創出事業』採択 2018年12月　経済産業省「地域未来牽引企業」選出

沿革

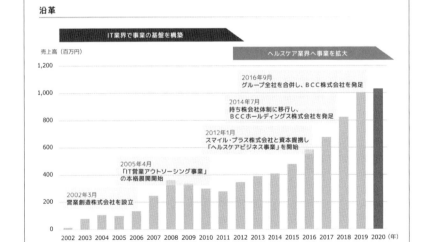

当社のビジョン　目指す社会

【ビジョン（2023年のあるべき姿）】

私たちは、年々増大する医療・介護等の社会保障費の削減と、個人の健康状態に合わせた予防や治療を行うことで健康寿命を延伸することができる社会を実現します。

ヘルスケアビジネス事業を通じて、シニアプラットフォームを構築し、ヘルスケア・リビングラボ構想を推進します。また、IT営業アウトソーシング事業を通じて、大手IT企業とのネットワークを構築し、DX推進・データ分析ができる人材を育成します。

そして、これらの事業で培ってきたシニアプラットフォームを活用し、大手IT企業とのネットワークを生かし、ヘルスケアDXを実現し、予防から医療・介護までの新しいサービスを創出していきます。

事業概要

BCC株式会社

IT人材の不足に人材の育成・サポートで応えるIT営業アウトソーシング事業
介護レクリエーションで介護現場に貢献するヘルスケアビジネス事業
社会の課題に向き合う2つの事業を展開しております。

営業創造カンパニー

IT営業アウトソーシング事業
・営業アウトソーシング事業
・ソリューション事業

スマイル・プラスカンパニー

ヘルスケアビジネス事業
・介護レクリエーション事業
・ヘルスケア支援事業

（注）当社は事業部制を導入しており、「営業創造カンパニー」「スマイル・プラスカンパニー」はそれぞれ部門名であり、子会社ではございません。

61

営業アウトソーシング事業と
ソリューション事業で構成

商材サービスの
情報提供
→

営業アウトソーシング事業
[営業派遣、業務請負]
大手IT企業に「営業力」を提供

ソリューション事業
[中小企業向け新規開拓営業]
中小企業のIT化推進

← 営業の実践教育

当事業は、大手IT企業の営業部門を強化または補完するため、営業人材を中心とした営業支援サービスを提供する「営業アウトソーシング事業」と中小企業向け新規開拓営業の代理店を中心とした「ソリューション事業」の2つの事業で構成しております。

(注) 商材サービスの情報提供とは、営業アウトソーシング事業の顧客である大手IT企業から、中小企業で需要のある商品又はサービスの情報提供を受け、当社のソリューション事業（新規開拓営業の代理店）で活用することとなります。
(注) 大手IT企業とは、資本金の額又は出資の総額が3億円以上の会社または常時使用する従業員の数が300人以上のIT業界に属する企業と定義しています。

大手IT企業に「営業力」を提供

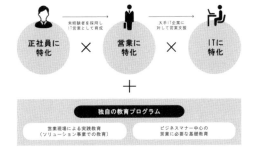

正社員に
特化

未経験者を採用し
IT営業として育成

営業に
特化

大手IT企業に
対して営業支援

ITに
特化

×   ×   +

独自の教育プログラム

営業現場による実践教育
（ソリューション事業での教育）

ビジネスマナー中心の
営業に必要な基礎教育

大手IT企業に対して、当社の正社員を派遣することで、IT営業に特化した営業アウトソーシングを提供しております。未経験者を育成し、座学だけでなく、当社のソリューション事業（新規開拓営業の代理店）での現場研修を通じて、営業の実践教育が可能となり、短期間に「営業マインド」「営業スキル」「IT知識」を習得し、営業として活躍できる人材の育成が可能な教育プログラムを有しており、この教育プログラムが当事業の強みとなります。

営業アウトソーシングのビジネスモデル

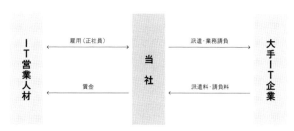

■大手IT企業に対して、IT営業に特化した営業アウトソーシングを提供

契約形態は、大手IT企業に当社従業員が常駐し営業支援を行う「営業派遣」と、大手IT企業に常駐又は当社オフィス内で営業支援を請け負う「業務請負」（業務委託含む）の2種類です。
これらの2つの契約形態につき、大手IT企業の事業形態やニーズに合わせて様々なモデルで営業アウトソーシングを提供しております。

IT営業アウトソーシング事業　主要KPIと数値計画

主要KPI

	2018年9月	2019年9月	2020年9月	2021年9月
派遣業務請負人数 （単位：人）	80	100	105	122

※派遣業務請負人数は期中の平均人数となります。

数値計画

IT営業アウト ソーシング事業	第5期実績 2018年9月 金額(千円)	第6期実績 2019年9月 金額(千円)	第6期実績 前年比 (%)	第7期実績 2020年9月 金額(千円)	第7期実績 前年比 (%)	第8期計画 2021年9月 金額(千円)	第8期計画 前年比 (%)
売上高	665,134	830,496	124.9	879,336	105.9	969,658	110.3
売上原価	387,019	459,419	118.7	483,041	105.1	581,740	120.4
売上総利益	278,115	371,076	133.4	396,295	106.8	387,918	97.9

IT業界の市場規模は25.1兆円

当事業のターゲットであるIT業界（ソフトウェア業、情報処理・提供サービス業、インターネット付随サービス業）の市場規模は、2018年度で売上高25兆1,041億円となっております。リーマンショックの影響を受けた2009年度の売上高15兆633億円と比較し、売上高は10兆408億円（成長率166.7%）の大きな伸びとなっております。

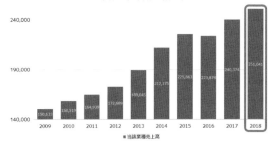

IT業界の市場規模（億円）

■当該業種売上高

出典：総務省・経済産業省「2019年情報通信業基本調査」主ية格付けベース結果

大手IT企業に対して、IT営業に特化した
営業アウトソーシングを提供

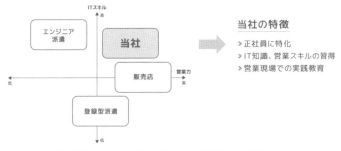

当社の特徴

» 正社員に特化
» IT知識、営業スキルの習得
» 営業現場での実践教育

IT業界における当社独自のポジションを確立

IT営業アウトソーシング事業における主たる事業である営業アウトソーシング事業においては、エンジニア派遣及び販売店とは競合することがなく独自のポジションを確立しており明確な競合他社はございません。なお、ソリューション事業においては、新しいサービスの開発等、常に企業間競争が発生しやすい環境にありますが、仕入先、顧客企業との人的交流による関係強化を図ることで、価格競争を回避し、事業基盤の強化及び維持に努めております。

シニアプラットフォームを活用し、
大手IT企業とのネットワークを生かし、
ヘルスケアDXを構築します。

年を重ねても住み慣れた場所で、
より豊かな生活を送れる社会を実現するために。

BCC株式会社. All Rights Reserved.

■新規事業が生まれるとき

　ここまで、自らの頭で思いついたアイデアを事業化するまでの過程を、私の経験をもとに経営理論に沿って整理してきました。

　しかし、これとはまったく別の過程で新規事業が生まれるときがあります。それは「人との出会い」です。

　人と出会い、直接話すことで新たな事業が生まれる。例えば、取引先の方や従業員と話しているとき、今まで思い浮かばなかったようなアイデアがひらめくことがあります。会話から生まれるアイデアです。

　「三人寄れば文殊の知恵」ということわざがあるように、複数人で考えていると、今まで自分一人では出てこなかったような素晴らしいアイデアが生まれてくることがあります。

　ここで大切なことは、その素晴らしいアイデアについて、会話が終わり、少

し時間をおいてからビジネスモデルに、そしてビジネスプランに発展させていくことができるかどうかを冷静に考えて、紙に書いてみることです。というのは、複数人での会話が盛り上がれば盛り上がるほどに大事な点が抜けていることが多いからです。

　例えば、絶対に売れるという商品やサービスを思いついても、それを買いたいと思うお客様にアプローチする手段がなかったというように、何かの視点が抜けていることが多いのです。

　同じように、経営者同士で話すとき、両社のメリットになるような事業提携を行なうことで、従来、1社だけでは実現しなかったような新規事業が生まれることがあります。

　ここで大切なことは、両社のメリットになることが前提であり、また、早い段階から役割分担と費用および収益の分配を決めておくことです。

　特に、新規事業を行なうときには、必ず初期投資が必要になります。その初期投資をどちらの企業が負担するのかを決めることができず、計画自体が頓挫する場合が多くあります。

　また、一般には多くの初期投資を行なった企業が多くのリターンを得るべきなのですが、その収益の分担についても齟齬があり、せっかく収益が上がっても後で揉めることもあります。

　こちらも早い段階で、ビジネスプランを紙に書いて相互に確認しておくことで、役割分担と費用および収益の分配を明確にできます。

　したがって、「人との出会い」から生まれた新規事業についても、これまで見てきたプロセスに沿って、ビジネスアイデアを整理し、ビジネスモデルに展開し、ビジネスプランを策定することが大切です。

　また、新規事業を生み出すためにも、より多くの人に会い、より多くの知恵を集めることが大切なことはいうまでもありません。1人の頭から生まれるアイデアには限界があります。

　多くの人に出会い、たくさん話をしましょう。それが新規事業が生まれる最初の一歩になることでしょう。

■その事業は10年先も存在しているか

　本章では、「事業」について、新規事業の創り方を中心に、具体的な事例を交えながら考察してきました。

　まず、事業ドメインを考えて、戦う場所を決めます。そのうえでビジネスアイデアをビジネスモデル、そしてビジネスプランに昇華させていきます。そのようにして自らの考えを人に伝えるために事業計画書を策定していくのです。

　前述したように、私は「机上の空論」という言葉が嫌いです。私は「机上で成功しないビジネスが現実の世界で成功するわけがない」と思っています。実際、当社で成功しているビジネスは、机上で勝ち続けることができたビジネスであり、机上で負けたビジネスで現在も続いているビジネスは存在しません。

　例えば、当社のIT営業アウトソーシングならば、ビジネスプランコンテストで優勝した後、複数のベンチャーキャピタルから総額1億円を超える投資を受けています。これは、その投資に見合うリターンを見込めるビジネスプランであると判断された証拠です。

　私は、第三者の客観的な判断を重視して経営を行なっています。どんなに社内で検討しても、第三者から客観的に見るとさまざまな視点が抜けている可能性が高いからです。

　また、第三者に指摘してもらうことで、ビジネスプランの完成度がより高まります。

　大事なのは、繰り返し真剣に考える機会をつくることです。

　何かを始める前には、机上で何度もしっかりと考えてから事業計画を作成し、また、それを第三者に発表できる機会をつくり、指摘してもらい、事業計画の完成度を高めていきます。そして、誰の目から見ても机上で勝てるような事業計画を完成させてから、現実社会で勝負をするべきです。

　それでも、実際に事業を始めてから気づくことも多く、そのたびに事業計画

をブラッシュアップさせていくことになります。

　最後にもう1つだけ、私が「事業」を選ぶうえで大切にしていることを伝えておきたいと思います。

　それは、その事業が10年先にも存在しているか否かということです。

　いわゆる"時流（トレンド）に乗っている"といわれる事業は、時流とともに消えていきます。また、時流に乗っているため競合も多いです。

　また、経営者になると、いろいろと儲け話を持ちかけられることがあります。しかし、考えてみると、本当の儲け話を他人に教える理由がわかりません。

　私は「儲かりそうだからやろう」という事業には興味がありません。

　決して儲けることが悪いといっているわけではありません。むしろ、適正な利益は事業を継続していくうえで非常に大切です。ただし、短期的な利益を追いかけることはしません。

　毎年、継続的、かつ、着実に利益を上げ続けることができる事業を創り上げていくことを良しとしています。たとえ最初の数年間は赤字が続いたとしてもです。

　事業を続けていくことで、その時間が積み上げてきた目に見えない資産（ノウハウやブランドなど）が大きな価値となることも多くあります。何より、従業員を継続的に雇用し続けるためにも事業は長く続けられるほうがよいです。

　したがって、何か事業を立ち上げるとき、私はその事業が10年先にも存在しているか否かを客観的、かつ、冷静に考えるようにしています。

　まずは、机上で勝ち続けることができる事業計画書を作成することから始めてみましょう。そして、10年先も存在している、社会に役立つ素晴らしい事業を創り上げていただくことを願っています。

第3章
資金調達の方法

－ ステージ別の実例 －

■資金調達を成功させるために重要なこと

　資金調達力は経営者にとって最も大切な能力の1つです。

　資金調達が順調にいけば、企業が飛躍的に成長するきっかけとなります。逆に、資金調達がうまくいっていないときは、資金繰りを気にしながら難しい経営判断をしていかなければなりません。

　当社の成長の歴史は、**資金調達の歴史**ともいえます。

　本章では、創業からのステージに沿って、当社がどのような資金調達を行なってきたのかを振り返りながら、資金調達の手法ごとに要点を解説していきます。

　まず、資金調達には主に3つの種類があります。それは、**融資・投資・補助金**の3つです。その主たる違いは、資金を提供してくれる機関や団体が異なることです。

融資　　：銀行や信用金庫などの金融機関

投資　　：ベンチャーキャピタルや個人投資家などの投資家（法人含む）

補助金：国や地方公共団体などの公的な機関

図3－1　資金調達の種類と提供機関・団体

　この資金を提供してくれる機関や団体の違いを理解することが資金調達を成功させるために重要となります。

以上を念頭においたうえで、

- 創業期（2002年〜）
- 成長期（2005年〜）
- 停滞期（2009年〜）
- 変革期（2012年〜）
- 飛躍期（2016年〜）

の5つのステージに沿って、なぜ資金調達が必要だったのか、どのように資金調達を実現してきたのか、資金調達の手法ごとの要点を順を追って述べていきます。

■創業期（2002年〜）の資金調達

多くの起業家の方々と同じように、私も創業時、お金には本当に苦労しました。一言でいうと資金繰りの失敗です。

当社の場合、創業から大手企業と取引するために、個人事業主ではなく株式会社で始める必要がありました。

当時は最低資本金制度というものがあり、株式会社を設立するには最低1,000万円が必要でした。しかし、そのとき私の手元には100万円ほどしかありませんでした。そこで、最初の1,000万円は家族と信頼できる友人からかき集め、どうにか起業にこぎつけました。

当時の私は、1,000万円あれば事業が軌道に乗るまでの資金として充分だと思っていました。そして、早く売上をあげて事業を軌道に乗せようと焦るあまり、いきなり広い事務所を借り、多くの人員を採用しました。すると、わずか3か月でお金は底を尽きかけていたのです。

そこで初めて「倒産」という二文字が頭に浮かびました。

慌てて国民生活金融公庫（現在の日本政策金融公庫）に駆け込み、創業支援融資を活用して1,000万円ほど借りて、なんとか乗り切りました。このときは父親に連帯保証人を頼みました。

私はこの1,000万円で大丈夫だと思っていたのですが…。

　しかし、３か月が経ったとき、再びお金は底をついていました。

　次は、大阪府と大阪市の信用保証協会（現在は統合されて大阪信用保証協会）に行き、それぞれ500万円ずつ、合計1,000万円を借りることができました。

　これで今度こそは大丈夫だと思いましたが、また３か月が経つと会社の通帳には12万3,600円しか残っていませんでした。

　すべての借入について私個人が連帯保証人でしたので、合計すると約3,000万円の借金を背負っていました。3,000万円の借金を背負いながら会社にあるお金は12万3,600円。もちろん個人の通帳残高も、ほぼ０円でした。

　さすがにこのときは精神的に随分とまいっていました。なかなか寝つかれず、また、必ずといっていいほど借金取りに追いかけられる夢で目が覚めました。実際には、きちんとした金融機関から借りているのであり得ない話なのですが…。

　これは、2002年３月の創業からわずか９か月後の同年12月末の出来事です。この年は、年末年始もお金のことばかり考えていました。人生で最もつらい正月だったかもしれません。

　最終的には、年が明けて2003年１月末、ようやく主要取引先からの入金額が支払額を少しだけ上回ってくれたおかげで、首の皮一枚のところで倒産の危機を乗り越えることができました。

　そこからしばらくは、月末になると銀行に張り込んで１時間ごとに通帳記入を繰り返し、主要取引先からの入金があると、すぐに必要な支払を行なうという日々が続きました。

　資金繰りが落ち着いたのは、創業からちょうど１年が過ぎた2003年３月でした。

　このように、創業からの１年間は本当にお金に苦しんだ日々でした。ほとんどの時間を、お金を借りるために費やしていたといっても過言ではありません。もう二度と同じことを経験したくありません。

　しかし、このときの苦労がいまの自分につながっていると信じています。

　創業の際、まったく実績のない私にお金を出してくれた家族や友人たち、資金繰りが最も苦しいときに親身になって相談に乗ってくれた日本政策金融公庫や大阪信用保証協会の皆さまには心から感謝しています。

　こうして周りの方々に支えてもらえたおかげで、創業時の資金繰りの失敗を乗り越えることができました。**創業の年に経験したお金の苦労が資金繰りの大切さと感謝の気持ちを学ばせてくれたと思います。**

　ここで、創業期で経験した失敗を経営理論に沿って振り返ってみます。

　まず、学ぶべきは、**資金繰りの大切さ**です。

　「黒字倒産」という言葉があるように、利益が出ていても資金繰りが回らなくなれば会社は倒産してしまいます。

　当社は法人向けのインターネットサービス（光ファイバーなど）の代理店として創業しました。1件の受注を獲得すると10万円近い販売手数料が入ってくるという良い条件の商材でした。

　そこで、売上をあげて黒字にするために、積極的に人を採用して営業活動を展開しました。とにかく、たくさん売れば、たくさんお金が入ってくる。それだけを考えて突き進んでいました。

　ここで大事なポイントは、営業活動を始めてから当社に入金されるまでの期間です。

　まず、企業にインターネットサービスの提案を行ない、受注を取ってくるまでには2か月くらいの期間がかかります。さらに、そこから光ファイバーなどの回線を使えるようになるまでに2か月ほどかかります。そして、お客様がサービスを使い始めた翌月末に、当社にお金が入ってくるという仕組みです。

　つまり、営業活動を始めてから入金されるまでに5か月の期間がかかることになります。したがって、1人あたり30万円／月の人件費をかけたとすると、それだけで150万円を立て替えておく必要があります。仮に営業担当を10人採用すれば、人件費だけで1,500万円のお金が必要になります。

　受注が取れても、売上があがっても、お客様から入金されなければお金は1

円も増えません。出ていくばかりです。当たり前のことですが、私はこの資金繰りの大切さを理解していなかったのです。

資金繰りに失敗すると、売上は増えているのに、手元のお金がなくなって倒産してしまいます。これは会社の規模が多少大きくなっても同じです。

さらに具体的に説明すると、売上が増加すれば、当然、売掛金も増加します。それに伴って、より多くの運転資金が必要になります。

例えば、売価100万円（原価80万円）の商品を、月末締め翌月末現金払いの30日サイトで販売したとします。商品を安く仕入れるために、仕入先に現金払いをする場合、売上100万円のときには、80万円の運転資金（仕入代金）が必要になります。

これが、売上が2倍の200万円になると、運転資金も2倍の160万円が必要になります。つまり、手元に160万円の現金がなければ、いくらお客様が欲しいと言ってくれても、200万円の商品を販売することはできなくなります。

一般的に、前年同期比10％アップくらいの売上増加ならば、利益の増加に伴う現預金の増加分で、運転資金の増加はまかなえるでしょう。しかし、前年から倍増するような急激な成長を目指すとなると、利益の増加に伴う現預金の増加分だけでは運転資金の増加をカバーすることは難しくなります。

これが、いわゆる「黒字倒産」のパターンです。

そのような状況にならないためには何をすべきなのでしょうか。

それは、**資金繰り表の作成**です。

やるべきことは簡単です。何月何日にお金が入ってきて、何月何日にお金を支払う、そして、そのときの残高を把握しておく、ただ、それだけのことです。

創業間もない頃は、面倒でも日々の資金繰りを管理すべきです。そのため、日次の資金繰り表を作成しておくとよいでしょう（図3−2）。

図3−2　日次の資金繰り表（例）

日付	相手方	摘要	入金	相手方	摘要	出金	残高
7月1日	銀行	預金	1,702,567				1,702,567
7月1日		現金	148,510				1,851,077
7月5日	N社	売上	86,310				1,937,387
7月6日				顧客	販促費	156,785	1,780,602
7月6日				銀行	振込手数料	840	1,779,762
〜							
7月28日				諸口	税金	209,300	179,664
7月31日	S社	売上	4,684,680				4,864,344
7月31日				ビル	家賃	220,500	4,643,844
7月31日				ビル	冷暖費	32,606	4,611,238
7月31日				O社	販促費	31,500	4,579,738
7月31日				銀行	借入返済	95,256	4,484,482

　会社の規模が大きくなっても、月次では資金繰りをしっかりと管理しておくことは、経営者のとても大切な仕事です。

　私は創業期にお金に苦労したことで、資金繰りを常に意識して、お金を大切にするようになりました。それが今日まで経営を続けることができた大きな要因になっています。

　二度と同じ思いはしたくありませんが、そう思って振り返ると、お金の苦労も悪いことばかりではなかったのかもしれません。

■成長期（2005年〜）の資金調達

　ようやく資金繰りが落ち着き、月次はもちろん、年度でも黒字が出せるようになった頃、当社も1つの転機を迎えることになります。

　第3期（2004年9月期）の決算は2年連続での黒字となり、初年度の損失を

解消して、累積での黒字も達成しました。インターネットサービスの代理店としては最初の壁を乗り越えて、利益が出せる会社になりました。

そこで、いよいよ創業前から構想していたIT業界における営業アウトソーシングへ事業拡大を図りたいと考えました。

しかし、そこでネックになってくるのが、やはり資金の問題です。

創業から3年間の経常利益の推移を見ると、とても順調であったといえるのですが…。

経常利益

第1期　2002年9月期：▲1,500万円

第2期　2003年9月期：　1,000万円

第3期　2004年9月期：　1,500万円

このように、着実に利益は出ているにもかかわらず、手元のお金（現預金）はあまり増えていきません。

その理由は大きく2つありました。

1つ目は、**借入金の返済**です。初年度に借り入れた会社と個人を合わせて約3,000万円のお金を毎月返済していました。

2つ目は、**税金**です。第3期（2004年9月期）で累積の黒字となっており、法人税など約300万円を支払っています。つまり、利益が出ていても、借入金の返済と税金の支払いのため、新規事業に先行投資するためのお金が貯まっていかないのです。

一方で、IT業界における営業アウトソーシング事業に向けた想いは高まっていくばかりでした。

元々、この事業を行なうために「営業創造株式会社」という社名にこだわって会社を設立していました。そして、代理店の事業を続けていくなかで、少しずつ営業担当者の育成に関するノウハウも蓄積されていきました。あとは、先行投資に必要な資金さえ手に入れば、いつでも事業をスタートできる状態となっていたのです。

そこで、資金繰りを考えるためにも簡単な事業計画を作成してみました。

すると、ざっと１億円くらいの資金がないと黒字化する規模に成長させることができない計画になっていることが判明しました。

仮にこのペースで利益を出していったとしても、10年経っても必要な資金は貯まりません。銀行に融資をお願いしても、今の売上規模では数千万円が限界です。

やりたい事業があっても、必要な資金がなければ何もできない。

そこで考えたのが「ベンチャーキャピタルからの投資」です。

といっても当時はあまりベンチャーキャピタルに関する情報もなく、知り合いもいません。

まずは融資のときのように、ベンチャーキャピタルといわれる会社をインターネットで調べてアポイントを入れ、訪問していきました。

しかし、ほとんどの場合、２度目の面談にさえもつながりませんでした。なかには時折、継続的にお話をさせてもらうベンチャーキャピタルもありましたが、実際の投資につながっていくような雰囲気はまったく感じられませんでした。

それでも新たにベンチャーキャピタルを訪問するたびに事業計画を説明し、たくさんの質問を受け、その回答を作成していくことで事業計画がブラッシュアップされていきました。

この繰り返しで事業計画が研ぎ澄まされ、これから始める IT 業界における営業アウトソーシング事業についての自信も高まっていきました。

いま振り返ると、このとき何度うまくいかなくても、あきらめずに新たなベンチャーキャピタルを探して訪問を続けていったことが、事業計画の精度を高める良い機会となっていたのです。

このようになかなかベンチャーキャピタルからの資金調達が成功しない時期が続いたとき、１つの幸運が訪れました。

大阪市の外郭団体である公益財団法人大阪市都市型産業振興センター（現在の大阪産業局）が運営する大阪産業創造館（サンソウカン）で行なわれたビジネスプランコンテストで、2005年度の最優秀賞を獲得することができたのです。

77

サンソウカンは起業支援をはじめ、さまざまな中小企業の支援を行なっており、当社も創業当時からセミナーやイベントに参加したり、弁護士や税理士などの無料相談会を活用したりと頻繁に訪問していました。

　そこでビジネスプランコンテストが開催されることを知り、思い切ってエントリーすることにしたのです。

　一次審査の書類選考は、何社ものベンチャーキャピタルとの面談を通じてブラッシュアップされた事業計画をもとに作成したエントリーシートで、無事通過しました。

　二次審査はプレゼンテーションですが、ここでも大きな学びがありました。

　審査までの期間に専門家のアドバイスを受ける機会が設けられており、短い時間で複数の審査員に自社の事業を理解してもらうために必要なことを教わりました。

　それは、**自社のビジネスモデルをＡ４用紙１枚に収まるように整理する**という手法です。

　これらのアドバイスを受けて二次審査でプレゼンテーションを行ない、結果、最優秀賞を獲得できたのです。

　優勝賞金として100万円、そして監査法人のショートレビューを無料で受けることができる権利を副賞としていただきました。

　余談ですが、このときの賞金100万円は、日清食品の創業者である安藤百福氏が大阪の中小企業支援のために寄付した基金からの賞金でした。それ以来、毎月「チキンラーメン」や「どん兵衛」をはじめ、日清食品さんのインスタントラーメンを必ず食べるようにしています。

　感謝の気持ちを忘れないように始めたことでしたが、元々のインスタントラーメン好きも高じて、今では自分へのご褒美になっているような気がします（笑）。

　このビジネスプランコンテストでの最優秀賞の獲得を契機に、ベンチャーキャピタルから合計5,000万円の投資を受けることができました。

　さらに2年後の2007年には9,000万円の追加投資を実現し、**合計1億4,000万円の投資を受けること**に成功しました。

　そして、この1億4,000万円の資金を活用してIT業界における営業アウトソーシング事業をスタートさせました。同時に東京と名古屋にも進出し、一気に従業員数50名を超える企業に成長することができたのです。

　このビジネスプランコンテスト以来、大阪産業局の皆さまからは機会あるたびに声をかけていただき、大変お世話になっています。セミナーに登壇させてもらったり、アドバイザーとして事業に関与させてもらったり、さらに近年では、ビジネスプランコンテストの審査員も担当させてもらっています。

　かけがえのない人との出会いにも恵まれ、本当に大阪産業局の皆さまには心から感謝しています。

　なお、ベンチャーキャピタルについては、第5章で詳述しています。

■停滞期（2009年〜）の資金調達

　前述したように、ベンチャーキャピタルから投資を受けた1億4,000万円の資金を活用し、東京と名古屋にも拠点を開設し、人材も積極的に採用して従業員は50名を超えました。

　先行投資が続いているため決算は赤字続きでしたが、売上高は順調に拡大していきました。そして、2008年9月期には、投資を受けてから初めての通期黒字を達成し、いよいよ上場に向けての準備をスタートしようと考えていました。

　一方で、世間の雲行きが怪しくなってきているのを感じていました…。

　2007年にアメリカ合衆国で起きたサブプライム住宅ローン危機から、不況の足音が聞こえていました。それでも、そのような足音のことなど気にせず、「とにかく売上を拡大して上場すれば乗り越えることができる」、そう信じていました。

　いや、正確には、すでにベンチャーキャピタルから多額の投資を受けている

ため、それ以外の道を選ぶことができない状況でした。

「不安はあるけれども、とにかく突き進むしかない。」

当時の心境を正しく表現すれば、このようになるでしょう。

こうした状況において、2008年9月、アメリカ合衆国の投資銀行であるリーマン・ブラザーズ・ホールディングスの倒産に端を発した世界不況の波が襲ってきました。いわゆるリーマン・ショックです。

日経平均株価は2008年9月の1万2,000円台から、わずか1か月後に6,000円台まで半減してしまいました。不安が不安を呼び、恐怖が恐怖を呼び、多くの企業が急激に大幅なコストカットを始めました。

当社の主要取引先である大手IT企業もこぞってコストカットに着手するなか、当社のIT営業アウトソーシング事業は、まさにその恰好の標的となったのです。

次々と契約解除を告げられ、みるみる売上が減少していきました。さらに当社では従業員をすべて正社員で雇用していたこともあり、人件費を大幅に減らすことができず、あっという間に赤字に転落しました。

赤字幅が拡大し、資金はどんどん減っていき、役員報酬を返上しても焼け石に水の状態でした。

このとき、創業の頃とは違う恐怖がありました。

このまま倒産させてしまったら、50名を超える従業員とその家族を路頭に迷わせることになります。会社を存続させるためには、当社もコストカットしなければなりません。

ただ、当社のコストの大半は人件費であるため、人員削減によるリストラしかコストを大幅に削減する手段はありません。当時の株主であるベンチャーキャピタルからも売上につながらない人員の削減を提案されていました。

しかし、人員削減によるリストラはできません。考えられる代替案は、給与カットでした。

　全社員の給与を一律10%カットする案が提示されましたが、私はどうしてもその決断ができませんでした。なぜなら、従業員のみんなと、ある約束をしていたからです。

　私は当時、採用面接の際に次のように話していました。

「当社は、いわゆるベンチャー企業や外資系企業のようにバーンと急激に給料が上がることはない。しかし、下がることもない。少しずつではあるが上がり続けるような会社にしていきたいと考えている。どちらかというと公務員や大企業に近いと思ってほしい。なぜなら長く一緒に仕事をしていきたいから」と。

　そして、「例えば、1年目に年収400万円で入社する。2年目に600万円に上がる。3年目に500万円に下がる。すると、入社時から考えると100万円も年収が上がっているにもかかわらず、辞めてしまう人が多い。給料が大幅に上がったり、下がったりすると安定した生活設計ができないから。もちろん賞与については上がったり、下がったりすることはあるけれど、月々の給料に関しては、毎年少しずつ上げていこうと思う。長く一緒に働いてもらいたいからこそ、そういう方針で経営している」と説明していました。

　つまり、給料は少しずつしか上がらないけれど、決して下げないという約束をしていたのです。

　社長は従業員との約束は守らなければなりません。守れなくなったときは社長を辞するべきである、そう考えていました。いや、今でもそう考えています。

　決断が遅れるほどに会社の財務状況は悪くなり、取り返しがつかなくなります。日々、資金は減っていきます。しかし、1か月経っても、2か月経っても決断できぬままに月日は過ぎていきました…。

　創業から7周年を迎えた2009年3月、本来ならば、みんなでお祝いをする予定であった全社員が一堂に会する会議の場で、ようやく賃金カットの説明を行ないました。

　現状の会社の財務状況を正直に伝え、役員報酬のカットだけでは資金不足に

なることは免れず、経営危機に陥る寸前であることを説明したうえで、全社員一律10％給与カットに協力してほしいと頭を下げました。

約束を守れなかったことが悔しくて悔しくて、溢れる涙を堪えることができません。それでも一生懸命、正直に、丁寧に説明を続けました。

たくさんの不安や不満をぶつけられることを覚悟しましたが、従業員の反応は私の予想とはまったく違っていました。従業員のみんなからの言葉は、とても温かいものでした。

「社長、ぼくたちは大丈夫ですよ。少しくらい給与が下がっても生きていけます。何も心配しないでください。一緒にがんばっていきましょう。」

さらに涙が溢れました。

今、こうして振り返っても涙がこみ上げてきます。

本当に素晴らしい仲間に恵まれた、とても幸せな経営者だと、心の底から実感しました。そして、このときの給与カットが原因で辞めた従業員は1人もいませんでした。むしろ、これが強い結束を生んでくれたように思います。この危機を共に乗り越えてきたメンバーが現在でも当社の根底を支えてくれています。

二度と同じ想いをしたくありませんし、従業員にもさせたくありませんが、振り返ってみると、世界的不況も企業を強くするための良い試練であったように思います。

こうした従業員の皆さんの協力と努力のおかげで、2009年9月期もどうにか乗り越えることができました。

しかし、**本当の試練はこれからだったのです。**

年を越した2010年の4月、東京に出張していた私の携帯に1本の電話が入りました。

「伊藤社長、大変申し訳ないのですが、今、御社に出資している株式の買戻しについてご相談させていただきたい。」

まさに青天の霹靂。血の気が引いていくのを感じました。

　投資を受けていた5社のうち、銀行系のベンチャーキャピタルから、「投資事業から撤退するので現在保有している御社の株式について相談させてほしい」との相談でした。

　同社からは1,000万円を超える投資を受けていました。直接投資であったので、ファンドの期限もなく継続的に保有してもらえると思っていたこともあり、寝耳に水でした。

　さらに、ファンドの期限が迫っている他のベンチャーキャピタルからの投資もあり、あわせて買取りを依頼された場合には多額の資金が必要となります。

　早速、担当者と打ち合わせをすることになりました。冒頭、私から切り出しました。

　「計画どおり上場できなくて本当に申し訳ございません。深くお詫び申し上げます。ご投資いただきましたお金は何年かかってもすべて返済します。ただし、すぐに資金を準備するのは難しいので分割にしていただけませんでしょうか。」

　このときは、とにかく当社に期待してくださっていたベンチャーキャピタルの方にご迷惑をおかけしたくないという一心でした。しかし、先方から返ってきた言葉はまったく予想もしていなかったものでした。

　「ありがとうございます。お気持ち感謝いたします。ただ、投資したときの金額をそのまま返済してもらう必要はありません。改めて、今の株価を算定し、妥当な金額で経営陣にて買い取るか、買い取ってもらえる第三者を探しましょう。」

　しばらくはその言葉の意味がよくわかりませんでした。しかし、担当者が笑顔で話されている姿を見て、私はなんとか落ち着きを取り戻しました。

　ベンチャーキャピタルが株式の買戻しを求める理由は主に3つあります。
- 会社が投資契約書に違反している
- 会社が期待していたほど成長する見込みがない
- 会社の成長が期待していた時間軸で行なわれない

　いずれにしても、**投資したときに想定していたような成果が得られない**という状態だということです。

いま考えると当たり前のことですが、当時の私はわかっていませんでした。つまり、こういうことです。

① 2007年に追加投資を受けたときよりも、リーマン・ショックを発端とする世界的金融危機などの影響で、現在の株式市場の株価は低迷していた。

② そのため、当社の株価算定の際に参考とした類似会社の株価も大幅に下がっていた。

③ また、残念ながら直近の当社の業績も悪く、債務超過の状態になっていた。

つまり、改めて現在の株価を算定すると投資を受けたときよりも低い株価となり、株式を買い戻すために必要な資金も少なくなるということです。

ベンチャーキャピタル側からすれば、投資したときよりも株価が低くなれば損失が増加します。つまり、できるだけ高い株価に算定して交渉することになります。投資を受けるときとは反対の構図です。

したがって、株式の買戻しの交渉は、非常に厳しいものになるのが通常です。

しかし、同社との交渉はとても円満に進んでいきました。これは、自らの損得を考えず、期待してくれた方に迷惑をかけることがないようにしていこうという当方の姿勢を最初に理解してもらえたことが大きかったのではないかと思います。

冒頭から理論武装をして、なるべく安く買い戻すことだけを考えていたならば、違う展開になっていたかもしれません。

そして、ファンドの期限が迫っていた他のベンチャーキャピタルとの買戻しの交渉も少しずつ進んでいきましたが、内容は非常に厳しいものになりました。

しかし、何度も何度も誠実に話し合いを続け、妥協点を探していった結果、最終的に当時投資を受けていたベンチャーキャピタル5社のうち、4社から株式を買い戻すことになりました。

結論としては、すべて円満に買戻しを実現することができたと思います。その理由の1つが、困難な状況であっても逃げずに、誠実に対話を続けてきたことです。

　この買戻しの交渉においても、今までの投資を受けたときと同様、良いことも悪いことも隠さず、正直に話してきたことが円満な解決につながったと信じています。

　ただし、結果的に当社に投資してもらったベンチャーキャピタルの期待に応えることができなかったのは事実です。この事実はしっかりと受け止めて反省しなければなりません。

　また、当時のベンチャーキャピタルの担当の方々の当社への投資判断が間違っていなかったということは、当社が上場することでしか証明できません。お世話になった方々への恩返しのためにも、必ず上場することを改めて心に誓ったのです。

　こうして2009年から2011年までの3年間は、売上も徐々に減少し、大幅な赤字が続き、債務超過にもなりました。さらに株式の買戻しなどもあり、心身ともにしんどい日々が続きました。

　さらに想定外の事態が起こります。

　2011年3月11日、戦後最大の自然災害となる巨大地震が発生しました。東日本大震災です。

　そのとき私は東京の新宿近くにいましたが、すぐにすべての交通機関がストップしました。そこでやむなく、日本橋にある東京オフィスまで6時間近く、余震の恐怖を感じながら歩きました。

　途中の駅前にある大型ディスプレイを見て、目を疑いました。津波で家も車もすべてが流されていく映像を見て、これは何かの映画のワンシーンなのか？と、目の前の出来事を受け入れることができませんでした。

　恐怖が倍増し、とにかく足早に東京オフィスに向かいました。途中でようやく電話がつながり、大阪本社にも無事を伝えることができました。

　私は従業員の心配をしていたのですが、逆に、安否の確認がとれない残りわずかなうちの1人に入っていたことを聞いて、安堵とともに申し訳ない気持ちになりました。

夜になり、ようやく東京オフィスに到着したものの、すでに全員帰宅しているうえにエレベーターも停止しており、恐る恐る非常階段を5階まで上っていきました。

　東京オフィス内で最も安全だろうと思われた会議室でパソコンをつけ、インターネットで状況を確認すると、その惨状に絶望感を覚えました。そして、そのまま余震の恐怖のなかで一晩を過ごし、翌日の新幹線で大阪の自宅に帰ることができました。

　ようやく日本経済も落ち着きをみせてきた矢先の大震災で、日本全体が沈んでいくような恐怖を感じました。

　日本中が自粛ムードのなか、当社も大阪本社を縮小、移転することにしました。少しでも固定費を抑えるための措置です。これまで順調にオフィスを拡大してきたなかでの初めての移転は、取引先にも従業員にも心理的にマイナスの影響を及ぼすであろうことは必然でした。

　少しでもその影響を抑えるために、前職のNECに勤めていた頃からお世話になっていたデザイン会社の社長に相談し、事業提携という大義名分のもと、そのデザイン会社が入居しているビルの同じフロアの一部をお借りすることになりました。

　しかも、家賃もそのデザイン会社と同じ条件になるように事前に調整してもらえたのです。まさに渡りに舟という状況で、とても助かりました。

　しかし、このときは、この移転が新たな道を創り出し、私の人生も変えるような出会いにつながるとは想像もしていませんでした。

　縮小が続き、苦戦していることを少しでも周りに見せないようにしなければという気持ちが大きかったと思います。

　そんな逆境のなか、唯一の救いは、会社に現金（キャッシュ）が残っていたことでした。そして政府の支援策なども活用しながら、あらゆる方法で融資を受けて、できるだけ多くの現金を会社に残しておく努力を続けました。その結果、債務超過の状態でも倒産することなく暗黒の3年間を乗り越えることができたのです。

【停滞期で学んだこと】

2009年からの停滞期で学んだことを振り返っておきます。

1つ目は、やはり**資金繰りの大切さ**です。債務超過になっても会社は倒産しません。**倒産するのはお金がなくなったとき**です。

創業時に苦労したがゆえに、早め早めに融資を受けて現預金残高を増やしていたことが功を奏しました。

2つ目は、**慌てて動かないこと**です。

当時の監査役が教えてくれました。

「このような不況のときに慌てて新規事業を行なってはいけない。**本業だけを実直に続けていくべきである**。なぜなら、新規事業を行なうためにはさらなる投資が必要になる。本業が落ち込んで資金が減り、さらに新規事業への投資で資金が減る。そうして潰れていった会社をこれまでたくさん見てきた。慌てず、本業だけを実直に続けていくほうがよい。」

このアドバイスはまさに的確でした。

もし、あのとき、本業が落ち込んできたからといって、慌てて新規事業をスタートしていたら、すでにこの会社は無くなっていたと思います。

そして3つ目は、**誠実な経営を続けることの大切さ**です。

公私混同をせず、誠実な経営を続けていた姿勢を、当時の株主であるベンチャーキャピタルも、融資を続けてくれた銀行も高く評価してくれました。それが株式の買戻しのときにも、追加の融資のときにも大きなプラス材料となっていたことを後から聞きました。

私自身、決してプライベートまで誠実に生きているとはいいません。しかし、経営者としては誠実な経営を創業時から心がけてきたことが生き残れた大きな要因になったと考えています。

少なくとも会社のお金で飲みに行ったり、車を買ったりするようなことはしませんでした。

最後に判断するのは人です。その会社を助けるべきか、潰すべきかを判断するのも人なのです。

■変革期（2012年〜）の資金調達

暗黒の３年間をどうにか乗り越えた頃、少し明るい兆しが日本経済にも、当社にも見えてきました。

当社は2012年３月６日、創業から10周年を迎えることができました。10周年の記念イベントは東京に全従業員が集まり、船に乗って東京湾クルージングを楽しみました。これからの明るい未来を予感させるような楽しいひと時を信頼できる仲間と過ごすことができました。

そして、当社はこの10周年を機に、新たな一歩を踏み出すことになります。

【初めてのM&A】

「介護レク広場」というWebサイトを運営しているスマイル・プラス株式会社のM&Aです。

創業から10年間続けてきた営業創造株式会社におけるIT営業アウトソーシング事業は、不況の波を乗り越えて、再び利益を出せるようになっていました。しかし、この事業だけを伸ばして上場を目指すのは難しいのではないかと漠然とした不安も感じていました。

そんな折、前述のデザイン会社の社長より相談を受けました。

「１万人を超える介護現場の方々に活用してもらっているWebサイトを運営している会社なのだが、これだけで黒字化して事業を継続させていくのは困難な状況にある。事業を伸ばしていくために協力してもらえないだろうか。」

直感的にチャンスだと思いました。

同社は「"人を支える人"を支える」という企業理念に沿って、介護現場で働く高齢者を支えている方々をサポートしていくための事業を展開しています。

私はこれまでIT業界しか知らず、介護施設には行ったこともありません。しかし、この社会的に意義があり、かつ、今後の高齢化を見据えた事業は工夫次第で伸ばしていけるのではないかと考えました。

また、この事業を伸ばしていくことで、再び当社が上場を目指すことができるのではないかと希望の光が見えました。そして何より苦しいときに手を差し

伸べてくれた尊敬できる社長が育ててきた事業です。その想いにも応えたいと
思いました。

そして、もう1つ、個人的なことですが、創業10周年記念日の前日、2012年
3月5日に大好きだった祖父が亡くなりました。大正元年生まれの満99歳での
大往生でした。その10年前に祖母に先立たれてから、亡くなる2週間前まで、
祖父はずっと一人暮らしを続けていました。

　毎週2回のデイサービスとホームヘルパーさんの支援を受けて、一人暮らし
を続けることができていた祖父。私は様子を見に行くたびに祖父からデイサー
ビスの話を聞いていました。

　「デイサービスはお風呂に入れるのはいいけど、あんまり行きたくないんや。
暇やから。話し相手もおらんし…。」

　元々あまり趣味もなく、人付き合いも苦手な祖父にはデイサービスはあまり
楽しくない場所だったようでした。それでも私は、毎週面倒を見てもらってい
るデイサービスの職員の方々に心から感謝していました。

　いつかこの介護現場で働く方々に恩返しがしたいと思っていました。

　そして祖父が亡くなったときに、恩義のある社長からこのような相談を受け
たことに何か運命のようなものを感じていました。

　それでも冷静、かつ、客観的に判断するため、日を改めて当社の役員の皆さ
んに相談したところ、非常に好意的で前向きな反応でした。

　そこで弁護士の先生や株主として唯一残っていただいたベンチャーキャピタ
ルの方など外部の信頼できる方々にも相談し、さまざまな視点でアドバイスを
受けたうえで前向きに進めていくことにしました。

　そして、当社は小さい規模ながらも初めてのM&Aを経験することになり
ました。買収金額は赤字続きで債務超過の寸前ということもあり、簿価の
1,000万円と決まりました。

　余談になりますが、2012年3月6日の創業10周年の記念日は、朝から社員を
はじめ大勢の方々からたくさんのお祝いの言葉をもらいました。とても嬉しく、

自然と笑顔になっていました。

しかし、昼から早退し、前日に亡くなった祖父の葬儀に参列しました。創立10周年という大きな喜びと祖父を亡くした悲しみを同時に経験し、経営者という職業の運命（さだめ）のようなものを感じました。

さて、本題に戻りましょう。

【持株会社（ホールディングス）体制への移行】

初めてのM&Aに続き、当社はもう1つの大きな変革を実施しました。それは、持株会社（ホールディングス）体制への移行です。

M&Aの直後は、営業創造株式会社の子会社としてスマイル・プラス株式会社があるという体制でした（図3−3−1）。

図3−3−1 M&A直後の体制

営業創造株式会社

スマイル・プラス株式会社

営業創造株式会社が営むIT営業アウトソーシング事業は派遣の許認可が必要なため、設立準備会社を作りました（図3−3−2）。そして、そこであらかじめ派遣の許認可を取得してから全事業を譲渡し、ＢＣＣホールディングス株式会社と社名変更する（図3−3−3）ことで、持株会社（ホールディングス）体制に移行しました。

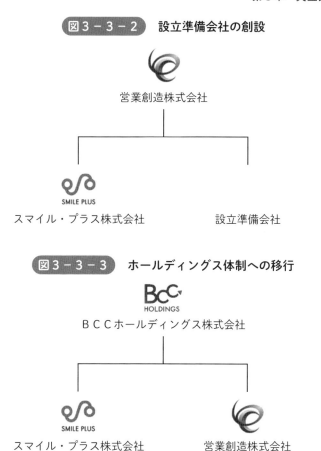

図３－３－２　設立準備会社の創設

営業創造株式会社
SMILE PLUS
スマイル・プラス株式会社
設立準備会社

図３－３－３　ホールディングス体制への移行

BCC
HOLDINGS
ＢＣＣホールディングス株式会社
SMILE PLUS
スマイル・プラス株式会社
営業創造株式会社

なぜ、このような小さな規模で持株会社（ホールディングス）体制に移行したのかというと、主な理由は次の３点にあります。

⑴　資金調達
⑵　派遣の許認可
⑶　権限移譲

以下、これらについて解説していきます。

⑴ 資金調達

　親会社である営業創造株式会社は不況を乗り越え、ようやく黒字転換できたばかりでした。

　しかし、M&Aを行なったスマイル・プラス株式会社は大きな赤字を抱えていましたが、まだまだ成長のための投資が必要であり、事業拡大のために資金が必要となっていました。

　融資だけではなく投資も受けるために、あらかじめ何社かのベンチャーキャピタルにも相談したのですが、スマイル・プラス株式会社の事業には関心はあるものの親会社である営業創造株式会社が未上場であるため、子会社のスマイル・プラス株式会社に投資する理由付けが困難であるとして、難色を示されることが多くありました。

　また、親会社である営業創造株式会社は数年前にベンチャーキャピタルから株式を買い戻しており、こちらも多少の利益額では投資の検討に入ることさえも難しい状況でした。

　そこで、安定した利益を生み出している営業創造株式会社と、今後急成長が見込めるスマイル・プラス株式会社を傘下に持つ、持株会社のＢＣＣホールディングス株式会社での資金調達を目指すことにしたのです。

⑵ 派遣の許認可

　派遣の許認可については切実な問題でした。

　2015年に施行された改正労働者派遣法（平成27年労働者派遣法改正法）により、従来の登録型の派遣である一般派遣と常時雇用の正社員の派遣である特定派遣が統一されることになりました。

　さらに、派遣の許認可を取得するための資産要件が厳しくなり、下記の３つをすべて満たさなければ派遣の許認可を取得することができなくなったのです。

　　① 資産が「2,000万円×事業所数」以上である。
　　② 現金預金が「1,500万円×事業所数」以上である。
　　③ 現金預金が1,500万円以上、かつ、負債総額の７分の１以上である。

　この改正は当社にとって死活問題でした。

　世界不況の影響もあり、営業創造株式会社だけでもようやく債務超過を脱したところで、資産要件を満たしていません。しかも子会社であるスマイル・プラス株式会社も赤字続きで、さらに負の資産となることは目に見えています。

　このままの状態では次回の派遣免許の更新ができず、主力事業を営むことができなくなってしまいます。まさに倒産するか売却するしかないという絶体絶命のピンチです。

　しかし、この絶体絶命のピンチを救ってくれたのが豊富な現預金でした。

　幸い、現金は豊富にあったので「2,000万円×事業所数」という資産要件を満たす会社を新たに設立することができました。

　現金で資本金4,000万円を超える設立準備会社を作り、あらかじめ派遣の免許を取得したうえですべての事業を譲渡すれば、少なくとも次回の更新までの期間（初回更新3年）はIT営業アウトソーシング事業を継続することができます。

　こうして、今回の持株会社（ホールディングス）体制への移行によって、主力事業も継続することが可能になったのです。

　ここでも、**現金の大切さ**を改めて感じました。

(3)　権限移譲

　当社では、従来から積極的に権限移譲を進めてきました。なぜなら、**人を育てるためには、いや、成長してもらうためには権限移譲が最も良い方法である**と考えていたからです。

　また、すでに上場を実現した尊敬する経営者の方からも次のように教わったことがありました。

　「上場するということは、経営者が替わっても組織が続くようにすることである。」

　この教えも忠実に守り、規模の拡大とともに権限移譲を進めてきたのです。

　この持株会社（ホールディングス）体制への移行を好機と捉え、私が創業した営業創造株式会社の経営を託すことにしました。これによって、私は新規事

業であるスマイル・プラス株式会社の経営に専念でき、両社の事業スピードを上げることができたのです。

　ここで、持株会社（ホールディングス）体制へ移行することによって実現できた資金調達について時系列に沿って整理しておきたいと思います。

　2014年はじめ、スマイル・プラス株式会社の事業を軌道に乗せて、再び上場に向かうために投資（直接金融）による資金調達を進めていくことを決意します。

　しかし、前回投資を受けたベンチャーキャピタルの方々は、そのほとんどが転職したり、異動したりしていました。さらに会社自体も関西から撤退していることが多く、投資を受けるための人脈はなくなっていたのです。

　そこで、まずはベンチャー企業に投資をしている方々と出会うため、「ピッチ」にエントリーすることにしました。

　当時、再びベンチャー企業を支援していこうという機運が高まっており、全国各地でピッチと呼ばれる、ベンチャー企業の経営者が短い時間でプレゼンテーションを実施していくイベントが開催されていました。

　当社も自治体やベンチャー支援を行なっている大手企業などが主催するイベントに積極的にエントリーしましたが、ここでも持株会社（ホールディングス）体制への移行の効果がありました。

　そもそも、ピッチはスタートアップと呼ばれる創業間もない起業家向けのイベントが多く、すでに営業創造株式会社は創業から12年が経過しており、スタートアップと呼ばれる企業ではありません。

　一方、スマイル・プラス株式会社は創業から３年が過ぎたばかりで、社員数も数名という、まさにスタートアップ企業でした。

　そこで、ベンチャー企業への投資を行なっている方々に、再び投資を受けるために動き始めたということを宣言するためにピッチへのエントリーを続けました。

　ピッチでは、通常の講演とは異なり、３分とか５分といった非常に短い時間

で自社のビジネスモデルの特徴や成長性をプレゼンテーションしなければなりません。

最初はうまくいかないことも多かったのですが、毎回しっかり反省し、繰り返し練習することで良いプレゼンができるようになりました。プレゼンの後は、当社の事業に関心を持ってくれたベンチャーキャピタルや事業会社の方々との名刺交換ができました。

今では事業会社がベンチャー企業に直接投資をすることは当たり前になっていますが、こうしたケースが増えてきているのも、ピッチを通じてベンチャー企業の経営者と直接知り合う機会が増えたことが大きな要因の1つであると思われます。

私はピッチを通じて知り合った方々に改めてアポイントをとって訪問することにしました。しかし、その訪問先のほとんどは東京でした。

当社は東京オフィスもあり、東京に行くことも多かったのですが、アポイントの調整にかなり苦労しました。ベンチャー企業が東京に集中してしまう理由もわかるというものです。

東京に出張し、ベンチャーキャピタルや事業会社を訪問して事業計画を一生懸命に説明しても、2度目の訪問につながることはまずありませんでした。何度も何度もピッチに出場し、何度も何度も東京に出張し、それでも投資審査に進むことさえできなかったのです。

それでもあきらめず資金調達のために半年くらい動き続けたとき、当社のメインバンクの系列であるベンチャーキャピタルの若い担当者の方と出会う機会に恵まれました。

しかも、2005年の最初の資金調達のときにアドバイスをもらったベンチャーキャピタルの当時の担当者が偶然関連部署にいて、とても積極的に支援していただけました。

このような幸運にも恵まれ、今回の資金調達で初めて投資審査まで進むことに成功しました。

担当者から部長、そして役員面談と、順調に審査が進み、さらにメインバンクからの強い推薦も受け、投資審査に進むことになりました。

　そして2014年12月10日、ベンチャーキャピタルの東京本社にて投資審査が開催され、お昼過ぎに担当者から結果の連絡がありました。

「申し訳ありません。残念ながら否決になりました…。」

　この若い担当者の方は相当な情熱をもって当社への投資に向けて取り組んでくださっており、電話の向こうで泣いているのがわかりました。

　投資が否決されたことは残念でしたが、担当者の熱意には感謝しかありません。しかし、正直なところ、今回は大丈夫だろうと思っていたので、私のショックは相当大きかったです。これまでの半年間の苦労も重なり、もう起き上がれないほどに落ち込みました。

　社長室の窓から見える大きな公園と、その向こうに夕陽が沈んでいく光景を今でもよく覚えています。このとき駆け付けてくれた大切な人への感謝の気持ちは一生忘れることはないでしょう。

【資本業務提携（事業会社からの直接投資）】

　年が明けて2015年、私はベンチャーキャピタルからの投資をあきらめ、業務提携を前提として、改めて事業会社からの投資を受けることができないか模索していくことにしました。

　近年では、大手企業によるコーポレート・ベンチャー・キャピタル（CVC）ファンド設立が相次いでいますが、当時はまだCVCは少なかったので事業会社からの直接の投資を検討してもらうことにしたのです。

　そして、これまでピッチなどで知り合った方々のうち、当社の事業に関心を示してくれた大手企業にもう一度訪問することにしました。

　幸いなことに、スマイル・プラス株式会社で行なっている介護レクリエーション事業は、高齢者向けの事業を展開しようとしている大手企業から注目を集めており、また、当社で企画し構築した「レクリエーション介護士」という

資格制度が、通信教育最大手の企業によって通信講座として開設されたことも
あり、2014年8月の開始からわずか半年足らずで1万人を超える受講生を集め
たことも大きな追い風となっていました。

　各事業会社に対しては、まず業務提携に向けて当社の事業の魅力や当社と提
携することによって得られるメリットをしっかりと理解してもらえるように努
めました。その後の投資検討がうまくいかなかった場合にも、大手企業との業
務提携が進むことは当社の事業の成長にとってとても価値あることだと考えた
からです。

　また、実際に投資には至らずとも、業務提携によって大手企業と連携した新
たなサービスも創り上げることができました。そして、いくつかの事業会社と
業務提携の話を進めていくなかで、業種も雰囲気もまったく異なる2つの企業
と資本提携に向けて具体的な交渉を進めるまでになりました。
　1社目は、数年前に上場したPR業界大手で急成長中のベンチャー企業で、
2社目は、長い歴史を持つ文房具用品大手で社内ベンチャーを複数上場させて
いる企業です。両社とも、出会いは知人からの紹介でした。

　まず、PR業界大手のベンチャー企業では、知人からの紹介により初回訪問
にもかかわらず創業社長（当時）に直接面談させてもらう機会を得ることがで
きました。
　この方は、創業から一代で東証一部（現在のプライム市場）上場を果たし、
さらにPR業界の最大手にまで昇りつめたカリスマ性の高い社長です。
　緊張感のある雰囲気のなか、余計な挨拶などは一切なく、すぐに当社の事業
紹介を始めました。
　社長は最初は黙って聞いていましたが、10分もしないうちに、
　「うん、面白いね。面白い。」
　この一言で当社への1,000万円の投資が決定したといっても過言ではないと
思います。

この日の面談はわずか30分足らずで終わりました。これまで１年以上にわたり、何十社も審査にすら進むことができず、半ばあきらめかけていた投資（直接金融）による資金調達がわずか30分足らずの面談で実現したのです。

　もちろん、先方は上場企業なので取締役会などで決議するための資料を後日提出し、正式な手続きをふまえて投資契約を進めていくことになるのですが、いわゆる投資審査のようなものはありませんでした。

　あまりの呆気なさに、先方の財務担当役員の方に「本当にこれで投資してもらえるのですか？」と何度も確認してしまったほどです。

　翌月、1,000万円が当社の銀行口座に振り込まれ、2007年以来、実に８年振りの投資（直接金融）による資金調達に成功しました。しかも初めての事業会社からの投資です。

　ちなみに、この企業からの投資が当社の上場に向けて大きな意味を持つことになります。また、その後も、この企業から投資を受けたベンチャー企業は毎年のように上場を実現しており、その数はわずか数年で20社を超えています。

　今回の結果は、投資審査の難しさをそれまでとは違った観点で考えるきっかけにもなりました。

　続いて２社目の文房具用品の大手企業においても、知人からの紹介により、初回訪問で事業責任者の常務取締役（当時）をはじめ４名の上層部の方々にお会いすることができました。

　最初から和気あいあいとした雰囲気を常務取締役が作ってくれたので、とても話しやすく、事業の紹介ができました。

　面談の最後、
「御社とは社名も似ているけど、理念や目指すべき社会も似ているね。」
という非常に前向きなコメントをいただき、資本業務提携に向けて検討を進めてもらえることになりました。

　すぐに業務提携が成立し、共同でプレスリリースも配信しました。続いて、資本提携に向けて、当社への投資について先方の取締役会で審議されることに

なりましたが、ここでは、当社との協業についての責任者である執行役員の事業部長（当時）に相当な苦労をおかけすることになりました。

取締役会では、さまざまな理由から慎重な意見が出てきたそうですが、それらの意見のすべてに事業部長が熱意をもって説得してくれたことを後で知ることになりました。

事業部長はとても紳士的で、それでいて情熱もある素晴らしい方で、それ以降もずっと温かい支援を頂戴しており、言葉で言い尽くせないほど心から感謝し、尊敬しています。

こうして、この企業からも4,000万円の出資について承認を得ることができました。

さらに、これまで支援を受けていた顧問の先生などにもお声をかけたところ、なんと1,300万円もの金額が集まりました。これで総額6,300万円の増資に成功し、当面の資金繰りについて心配はなくなりました。

また、これら事業会社からの投資に成功したことは、今後の当社の事業面での成長において大きな原動力となっています。

【変革期で学んだこと】

この変革期で学んだことを経営理論に沿って振り返ってみます。

2012年はじめから2015年末までのわずか4年間で、次の3つの大きな出来事があったことになります。

① M&A（事業会社を買収）

② ホールディングス化（持株会社体制への移行）

③ 資本業務提携（大手企業からの投資）

これらの判断は、一般的な経営理論にはまったく従っていません。つまり、異常な判断ともいえます。

①M&A（事業会社を買収）については、市場も製品も異なるリスクの最も大きな「多角化」であり、まだ債務超過の状態であった当社が選ぶべき戦略で

はないでしょう。

②ホールディングス化（持株会社体制への移行）については、当時は移行すべき規模には達していません。

③資本業務提携（大手企業からの投資）についても、投資を目的とした業務提携は、手段と目的の順序が逆です。

ここで多角化について、アンゾフの成長マトリックスに沿って補足しておきます。

アンゾフの成長マトリックスとは、経営学者のイゴール・アンゾフ氏が1965年に著書『企業戦略論』のなかで提唱した理論です。製品を既存製品と新規製品、市場を既存市場と新規市場に分けて、それぞれを組み合わせたパターンを4つの象限に分類し、その象限ごとの成長戦略を検討したものです（**図3-4**）。

図3-4　アンゾフの成長マトリックス

	既存製品	新規製品
既存市場	市場浸透	新製品開発
新規市場	新市場開拓	多角化

第1象限：既存市場×既存製品＝市場浸透戦略
第2象限：既存市場×新規製品＝新製品開発戦略
第3象限：新規市場×既存製品＝新市場開拓戦略
第4象限：新規市場×新規製品＝多角化戦略

企業が成長を目指すときには、既存の市場（お客様）に新しい製品を開発して提供する「新製品開発戦略」、または既存の製品を提供できる新しい市場（お客様）を開拓していく「新市場開拓戦略」を検討していくことから始めます。

なぜなら、新しい市場（お客様）に新しい製品を提供していく「多角化戦

略」は、市場と製品の双方ともに蓄積や経験もないため最もリスクが大きいからです。

　それではなぜ、一般的な経営理論に反して、これらの異常な判断が行なわれたのでしょうか。

　これらの判断をもたらしたのは、たった 1 つの要因、すなわち「上場」です。

　リーマン・ショックを発端とする世界的金融危機の影響を受けて、当社の業績は悪化し、ベンチャーキャピタルからの投資も引き上げられ、上場を目指すどころか企業の存続すら危うい状況に陥りました。

　ようやく業績が回復しても、創業から行なってきた事業だけでは再び上場を目指すことは難しいと考え、上場に向けての旗印となる新たな事業を探していたのです。

　そのような折、社会的意義と将来性のある事業と出会い、① M&A（事業会社を買収）に成功し、新規事業を育てながら既存事業も守るために②ホールディングス化（持株会社体制への移行）を実施し、さらに成長するための資金を調達するため③資本業務提携（大手企業からの投資）を実現しました。

　こうして、いくつもの壁を乗り越えて、再び上場に向けて挑戦できる状況にまで持ってくることができました。事業を変えて、組織を変えて、社名を変えて、すべてを変えても上場することを目指して判断してきたのです。**信念というよりも執念に近いかもしれません。**

　しかし、結果として、これらの判断が事業と組織の飛躍につながったのです。**どんなに困難な壁にぶつかってもあきらめない心が、良い結果につながる判断を与えてくれた**と信じています。

　なお、経営理論を理解したうえで、あえて異なる判断をしていることも付記しておきます。

■飛躍期（2016年〜）の資金調達

　激動の変革期を終え、とても明るい気持ちで2016年がスタートしました。ここからは、まさに飛躍期であったといえます。

　2016年の売上高は５億円程度で、まだ赤字の状態でしたが、翌2017年からは黒字に転換し、業績も伸び続け、2019年には売上高で10億円を突破し、税引後当期純利益で5,000万円を超える企業に成長することができました。

　創業から14年もかかって５億円を超えた売上高が、わずか４年で倍増したのです。

　この４年間で飛躍することができた理由について、資金面を中心に振り返っていきたいと思います。

　2016年にベンチャーキャピタル３社からの投資により、総額9,500万円の増資に成功することができました。これで資本金等の総額は２億5,000万円を超え、上場に向けての資金調達は完了したといえます。

　この年のはじめ、知人の経営者からの紹介で、設立されたばかりの独立系ベンチャーキャピタルの若き役員に出会いました。リーマン・ショックの前からキャピタリストとして経験を積んできたこの若き役員は、この数年の間に出来たばかりのベンチャーキャピタルの方々とは違った視点で当社を見てくれていました。

　ベンチャーキャピタルの在り方について時代の流れと業界全体を見渡して分析し、ファンドの大きさ（＝投資のために集めた資金の総額）だけを競い合うのではなく、適正なファンドのサイズにとどめておき、経営者との圧倒的な数の面談を通じて投資の有無を判断していきます。

　今まで出会ったキャピタリストとは違う、しかし、これこそキャピタリストのあるべき姿なのではないかと思わせる素晴らしい人物でした。

　実際に、その後、この独立系ベンチャーキャピタルが投資した企業は次々と上場を実現し、素晴らしい実績を残しています。

　当社もこの若き役員に認めていただき、実に2007年から９年振りに新たなべ

ンチャーキャピタルからの出資が決まりました。

　さらに銀行系と保険会社系の２社のベンチャーキャピタルからの出資も決まり、前述のように計３社から総額9,500万円の増資に成功することができたのです。そして、これが上場までの最後の資金調達でした。

　こうした資金面での準備も整い、いよいよ上場に向かって一直線に進んでいくと思っていた矢先、大きな問題が浮上しました。それが現在の持株会社（ホールディングス）体制です。

　資金調達や権限移譲の観点で多くのメリットがあった持株会社体制でしたが、上場のために必要な監査法人からの監査証明を得るためには、致命的なデメリットがありました。

　まずは監査法人に支払う監査報酬の金額です。

　一般的に、上場の直前期で1,000万円程度の監査報酬が必要といわれていますが、当社はグループ３社の持株会社体制となっているため、３倍とはいわないものの少なくとも２倍程度は見積もっておいてほしいとのアドバイスを受けていました。

　つまり、年間で1,000万円以上の監査報酬の増額となります。

　これは規模の小さい当時の当社にとって、上場に向けての利益計画にも大きな影響を及ぼす金額でした。

　さらに、持株会社体制に移行した際の企業価値の算定についても見解の相違があり、本当にこのままの組織体制で上場準備を進めていくか否かの判断を迫られることになったのです。

　検討の結果、当社が出した結論は、グループ３社の統合でした。こうして今のＢＣＣ株式会社が誕生したのです。

　2014年からスタートした持株会社体制はわずか２年で終了となりました。権限移譲や新規事業開発における持株会社体制のメリットを感じていたこともあり、残念な気持ちもありましたが、結果として、この判断も事業の飛躍につながっていると思います。

最も大きな効果は人材の交流でしょう。規模も小さく同じフロアで仕事をしていても、やはり別会社は別会社なのです。

　例えば、IT営業アウトソーシング事業を担当しているメンバーが、すぐ隣で行なっている介護レクリエーション事業に関心を持ったとしても、それを実現するためには、部署の異動ではなく転職が必要になります。もちろん、一時的なことであれば出向などの別の手段もありますが、いずれにせよ、通常の社内における人事異動よりもハードルはずいぶんと高くなります。

　このように、人材の交流が進まないことで、IT営業アウトソーシング事業と介護レクリエーション事業のシナジーも生まれることはありませんでした。

　しかし、グループ3社を統合してＢＣＣ株式会社になってからは、人材の交流も事業のシナジーも生まれるようになり、それが現在のビジョンにもつながっています。

　2016年に増資による資金調達に成功し、グループ会社を統合したことで、とても財務体質の良い会社となり、いよいよ従業員数も100名を超えて、成長するために必要な土台は整いました。

　2017年には黒字転換も達成したことから、全社の士気をより高めて一体感を醸成するため、同年3月、東京と大阪でホテルを借りて全従業員を集めて創業15周年記念を盛大に開催しました。

　2018年には、介護レクリエーション事業は、ヘルスケア関連施設の運営とヘルスケア分野で新規参入・事業拡大を目指す企業の支援に発展し、IT営業アウトソーシング事業も女性メンバーの目覚ましい活躍によって急拡大していきました。

　こうして2016年に5億円程度であった売上高は2019年には倍増の10億円を突破し、従業員数も150名を超える企業へと飛躍的な成長を遂げることができました。

【飛躍期で学んだこと】

　この飛躍期で学んだことを振り返っておきます。

　資金調達に成功し、新規事業も生まれて、飛躍的に成長できた要因を考えると、それは「人脈」ではないかと思います。

　振り返れば、創業以降、数多くの方を紹介していただいてきました。特に10周年を迎えた2012年、スマイル・プラス株式会社にM&Aを行なって介護レクリエーションという社会課題の解決に直結している事業に参入してからはその機会が増えました。

　それまではIT業界だけで事業を進めてきたので、せっかく素晴らしい企業の紹介を受けてもビジネスにつながることは少なかったといえます。しかし、介護レクリエーション事業を通じて介護業界の事業に参入したことで、高齢者向けの商品やサービスを提供または開発している多くの業種の企業と出会い、ビジネスにつながる機会を得られるようになりました。

　また、これまで培ってきた自治体や外郭団体との人脈も活かせる機会が増えました。

　まさに創業からコツコツと地道に積み上げてきた信頼と実績が人脈となり、それが企業の成長につながっていくのが目に見えるようでした。

　先日、日ごろ仲良くさせてもらっている方から、不思議そうに言われました。
　「伊藤社長は、常に相手のメリットだけを考えて話していますね。相手の事業に役立つアドバイスや成長につながる人の紹介など、御社や自分のメリットをまったく気にせずに。」

　それまであまり意識していませんでしたが、たしかにそのとおりかもしれません。初めて誰かと会うとき、とにかく何か、その人に役に立てることはないか、自分の経験や人脈から貢献できることはないかと一生懸命に考えていることが多い自分に気づきました。

　そして、それを繰り返すうちに、人から感謝されて、自然と人脈が広がっていることにも。

　名刺の枚数を調べると、創業から毎年500名以上の方々に会っていました。つまり10年間で5,000名を超える方々と直接出会い、名刺を交換してきたので

す。もちろん、そのすべてが人脈といえるレベルではありません。一度きりしか話していない方も数多くいます。

　しかし、この創業から10年間積み上げてきた人脈が、当社の飛躍につながったことは間違いありません。

　こうして、いよいよ上場が視野に入る規模に成長し、証券会社からの上場審査をスタートするはずでした。しかし、実際の上場までには紆余曲折があるのですが、それは第5章で改めて述べることにします。

　さて、当社の資金調達について、創業から上場までの成長のステージに沿って、できる限り具体的に述べてきました。こうして振り返ると、当社が成長したときは、資金調達が成功したときであることがわかります。

　資金調達は経営者にとって、とてもしんどい、嫌な仕事の1つであろうと思います。しかし、資金調達が順調にいけば企業が飛躍的に成長するきっかけとなります。一方で資金調達がうまくいっていないときは、常に資金繰りを気にしながら難しい経営判断をしていかなければなりません。

　したがって、本章の冒頭で述べたように、**資金調達は、経営者にとって、最も重要な仕事の1つである**といえます。

　当社の事例が皆さんの会社の資金調達において参考となることを願うとともに、良いタイミングで資金調達に成功し、事業の成長につながることを心から願っております。

第 4 章
経営者とマネジメント

■経営者に求められる資質

「経営者に求められる資質」および「組織に必要なマネジメント」について考えていきます。

まずは、これから経営者になりたいと考えている人にとって少しでも参考になればとの思いから、私が起業し、経営者になるまでの27年間の軌跡を振り返ってみることにします。

○生い立ち
【誕生〜大学時代】

1974（昭和49）年、大阪生まれです。

幼少期の私は一言でいうと、わがままで、うるさい子供でした。3歳上の姉がいる、いわゆる末っ子です。

両親が共働きで、帰りも遅かったので、幼い頃から父方の祖母が毎日ご飯を作りに来てくれていました。そのような家庭環境で、大体のわがままが許されてしまう末っ子生活を満喫していました。いま振り返っても、天国の祖母には甘えてばかりで、大した恩返しもできなかったことを後悔しています。

身体の弱かった私は、小学校に入っても毎週のように保健室で寝ていて、祖母に迎えに来てもらっていました。祖母は自転車に乗れないのに、私が歩いて帰るのが大変だろうと自転車を押してきて、私を後ろの荷台に座らせ、一生懸命に押して帰ってくれました。

そんな優しい祖母が、ある日、カップ焼きそば（日清食品さんの『U.F.O.』）を作るとき、蓋を開けて先にソースを入れてしまったのです。泣きながらそれを怒った当時の私を心の底から叱ってやりたいです。

小学校6年生のとき、そんな私に1つ目の転機が訪れます。なんと運動会で選手宣誓の大役に抜擢されたのです。身体も小さく、それほど運動神経も良くなかった私にとって、運動会での活躍など無縁の世界でした。それが、たまたま体育委員をしていたことから選手宣誓役に抜擢されてしまったのでした。も

ちろん伊藤家は大騒ぎです。

　運動会当日、両親は仕事を休んで朝から場所取りです。祖父母も来て、家族総出で見守ってくれました。いよいよ運動会が始まり、全校生徒とその家族、総勢1,000名を超える人々の前で、演台に上がり、マイクの前に立ちました。ひと呼吸おいて、周りを見渡し、静まり返ったのを感じ、全力で言葉を発しました。

　「宣誓！　我々はスポーツマンシップにのっとり、この秋空のもと、正々堂々と最後まで、あきらめることなく戦うことを誓います！　生徒代表、伊藤一彦！」

　我ながら完璧にできました。目の前の大勢の人々が私の選手宣誓に大きな拍手を送ってくれています。両親も祖父母も感動して泣いているのが見えました。この経験が人前で話すうえでの自信となり、後に経営者としての道を歩んでいく最初の転機であったと思います。

　余談ですが、それから3年後、中学校の運動会でも私は選手宣誓をしました。小学校で経験したあの緊張感と達成感をもう一度味わいたくなり、中学校では1年生から3年生までずっと体育委員を務め、体育の先生にもアピールし続けました。

　中学校の体育委員は、体育授業の準備や片付けなど面倒なことばかりなので、進んでやりたいという生徒は少なく、3年間続けた生徒は学校で私1人でした。その結果、3年生の運動会のとき、当然の流れで選手宣誓役に選ばれたのです。

　将来（3年後）を見据えて、1年生のときから体育委員に立候補しているあたりは、当時の私を褒めてやりたいですね。

　しかし、次に待っていたのは大きな挫折でした。

　高校ではサッカー部に入り、自由な校風を満喫し、定期試験は一夜漬けで乗り切るという生活でした。3年生となり、志望する大学以外は受験する意味がないと思っていた私は、地元にある私立大学1校だけを受験しました。結果は…見事に桜は散りました。

　事前の模擬試験でも一度も合格判定が出なかったにもかかわらず、「絶対に

合格する」という根拠のない自信があり、試験直前まで勉強すれば何とか乗り切れると考えていました。完全に甘かった…。

　生まれて初めて味わった大きな挫折でした。2週間ほど部屋に引きこもり、ほとんどご飯も食べず、両親にも心配をかけてしまいました。やがて少しずつ立ち直っていった私は、予備校に通い、暗黒の1年間の浪人生活を経験することになります。

　翌春、無事、志望校に合格できました。しかし、その志望校よりも偏差値が高く、自宅から近い公立大学にも合格できたので、結果として志望校に通うことはなかったのですが。

　人生で最初の大きな挫折と暗黒の1年間は、私の忍耐力を大いに鍛えてくれたと思います。

　大学生活が始まり、将来、学校の先生になりたいと考えていた私は、塾の講師のアルバイトをすることにしました。人前で話すことも、人に教えることも好きだったので、教師という職業が自分の天職であると信じており、まずは塾講師として一人前になるべく一生懸命に努力を続けました。

　授業の準備を万全にするのはもちろんのこと、わかりやすいといわれている先輩講師の講義を見学したり、伝え方のコツを学んだりして、日々、子供たちにわかりやすいといわれるような授業ができるよう努力しました。その結果、当時社会人と学生合わせて200名以上いた講師のなかで、年間最優秀講師に選ばれるまで成長することができました。

　この塾講師の経験が、経営者として最も大切な能力の1つである「プレゼンテーション能力」の強化につながったと思います。多くの人に自分の構想や考えを伝えることができることは経営者にとって必要不可欠な能力です。

　そして、いよいよ自分が経営者を目指す直接の要因となる出来事が目の前に起こります。

　ある日、いつもと同じように大学に行き、その帰りのことでした。私の自転車の前カゴに1枚の小さなビラが入っていました。

　「家庭教師の案内アルバイト募集！　時給8,000円も可」

　明らかに怪しい内容ですが、一緒にいた同級生はそれを見るやいなや、ヤル気満々になり、結局ビラに書いてあった事務所まで一緒に面接を受けに行ったのでした。

　話を聞くと、家庭教師を派遣する契約を取ってくるという営業のアルバイトで、完全歩合制。実質1時間ほどの商談時間で、契約が取れたら8,000円、契約が取れなければ0円という条件でした。たしかに「時給8,000円も可」です。いま考えるといろいろと問題だらけなのですが…。

　実際には、無料体験学習ということで、派遣された家庭教師から教えてもらうという体験を子供さんにしてもらい、その後、保護者の方に料金体系などを説明します。私は塾の講師をしていたこともあって子供に教えることに慣れており、各家庭を訪問するたびに受注を取ることができました。

　とても効率の良いアルバイトでしたが、このとき、私にとってはお金よりももっと大きなものを得ることができました。

　それがベンチャー企業との出会いです。

　その家庭教師派遣を行なっている会社の社長は、当時まだ私と同じ20代であり、役員をはじめ、従業員の方々も皆20代ばかり。生まれて初めてベンチャー企業という世界を知りました。

　大きな衝撃とともに強い憧れを持つようになりました。まだ20代の若さで高級ブランドのスーツや腕時計を身につけ（たしかアルマーニとロレックスでした）、ベンツに乗っています。そして今まで行ったこともない、見るからに高そうなお店で何度も食事をご馳走してもらいました。

　当時、ようやく20歳になったばかりでもちろん車も持っていなかった私から見たその景色は、とても眩しく、虜になるまでに時間はかかりませんでした。

　この眩しい世界への憧れが、私の将来の夢を「学校の先生」から「ベンチャー企業の経営者」に向かわせたのでした。成人を迎えた私の大きな人生の岐路でした。

　その後、2度の留年の危機を大学教授の先生方の温情で乗り越え、どうにか3回生になった私にも就職活動の時期がやって来ました。

当時お世話になったそのベンチャー企業の方々から、「そのままうちに就職すればいいよ」という誘いを受けていましたが、将来独立し、大きなベンチャー企業を創りたいという方向に進路変更していた私は、理系の学校推薦での就職も受けず、文系の学生と一緒に就職活動をすることにしました。

　そして、「なぜ、大企業はあれだけ多くの人が働き続けていられるのか？」という素朴な疑問を解決するため、大企業に就職する道を選びました。

　各業界のトップといわれる企業ばかり訪問し、試験を受け、結果いくつかの大手企業から内定をもらうことができましたが、そのなかで、近い将来、発展する可能性が高い業界と考えて、IT業界大手である日本電気株式会社（以下、NEC）に就職を決めました。

【就職〜転職〜起業】

　NECでは社会人として生きていくために必要なことを学ばせてもらいました。幸い上司にも恵まれ、社会人として楽しい日々を送ることができたと思います。結果的にわずか3年弱という短い期間ではありましたが、NECで学んだことや出会った人たちは、それから先の私の人生に大きな影響を及ぼすことになります。

　このまま恵まれた温かい環境にいると、独立して起業する夢を果たすことができなくなると思い、新世紀となる2001年はじめにNECを退職し、ベンチャー企業に転職しました。転職先は、学生の頃にお世話になっていたベンチャー企業の方々が新たに始めていたマーケティング関連の企業です。理由は、まだ独立して起業する自信もアイデアもなかったこと、そして社会人として再びベンチャー企業に身を置くことでそのヒントが得られるのではないかと考えたからでした。

　ちなみに、NECを退職してすでに20年以上の月日が経ちましたが、今でもNECのことが大好きで、私が毎年使う手帳はNECの社内売店で買えるNEC手帳と決まっています。

　数万人が働く大企業から、創業間もない数十人規模のベンチャー企業に転職した私に、ショックともいえるほどの大きな出来事がありました。

　まず、転職初日、歓迎ムードで迎えてもらった私のデスクには段ボール箱が置いてありました。見ると、パソコンです。自分で使うパソコンを自分でセットアップするというわけです。

　NECでは当然のようにパソコンをはじめ仕事に必要な物は何もかも用意されていました（もちろん他の部署や関係会社の方が用意してくれていたのですが、そんなことは考えたこともありませんでした）。

　さらに、初めてのお客様のところに訪問するときには会社案内を持参して、まず自社のことから説明しなければなりません。

　大企業での営業を経験したことがない方々は逆に驚かれるかもしれませんが、NECでは初回訪問の相手でも会社案内を持っていく必要がなかったのです。いや、そもそも会社案内自体、見たことがありませんでした。なぜなら、NECの名刺を出すだけで相手は何の会社か知っているからです。

　しかし、ベンチャー企業の場合、社名を知っている人はまずいないため、初回訪問時には会社案内を出して自社の紹介から始めなければなりません。こうした**大企業とベンチャー企業とのギャップが、独立してからの経営方針や事業のアイデアに大いに役立つ**ことになりました。

　そしてベンチャー企業に転職して1年近くが経ち、27歳になった私に、いよいよ独立し起業する機会が訪れます。

　2002年はじめ、世の中はADSL（電話回線を使ったインターネット通信サービス）から光ファイバーと個人向けのインターネット回線サービスが急速に広がっていました。初めて自宅でWebサイトを見るのが会社で見るよりも早かった時代です。

　間違いなく、これから法人向けのインターネットサービスが広がっていくことが見えていました。

　そんなタイミングで、ある大企業が法人向けのインターネットサービスを展開しようとしており、関西地区で代理店として営業活動をしてくれる企業を探していたのです。

　私は、関西という生まれ育ったなじみのある場所で、これまでのIT業界で

の経験も活かせると考え、勇気を出してこの機会を掴みにいくことにしました。当時まだ27歳という若さの私が独立し、起業する決断をした理由は、「天地人」が揃った今しかないと考えたからです。

「天地人」とは、中国戦国時代の思想家が唱えたとされる「天の時、地の利、人の和」のことで、この３つが揃ったとき戦略は成功するといわれています。
　すなわち、
　天の時…法人向けインターネットサービスが広がりはじめたとき
　地の利…関西、かつ、IT業界
　人の和…独立するならば一緒に働きたいと言ってくれていたメンバー
　まさに、この「天地人」が揃ったこの時を人生の最初で最後の機会と捉え、勇気を出して掴みにいくことにしたのです。

　27歳になっても、中身はわがままでうるさい子供のままでした。謙虚さの欠片もない、自信過剰な性格だったといえます。
　仕事については何をやっても成功するという根拠のない自信だけがありました。いま冷静に振り返ると、なぜそんな自信に満ち溢れていたのか不思議でなりません。しかし、その過剰なほどの自信がなかったら、現在もまだ独立し起業できていないのかもしれません。

　そして2002年３月６日、営業創造株式会社を設立し、経営者の道を歩み始めました。

　ここまでを振り返ると、割と平凡な27年間だったと思います。裕福な家庭に生まれたわけでもなく、特別勉強ができたわけでもなく、スポーツが得意だったわけでもありません。公立の大学で学び、大企業に就職し、ベンチャー企業に転職した、平凡な人生でした。
　しかし、27歳で独立し起業してからは、毎日がジェットコースターに乗っているような状態となり、平凡とは程遠い、変化に富んだ人生に変わっていくのでした。

　私が起業するまでの27年間の日々を振り返るなかで、1つだけ皆さんにお伝えすべきことがあるとすれば、それは、**楽な道と苦労の道があれば、苦労の道を選ぶ**ということです。

　いつの頃からそういう選択をするようになったのかは覚えていませんが、人生の岐路に立ったとき、常に、どっちが楽で、どっちが苦労するかを考えるようになっていました。そして、あえて苦労の道を選ぶようになり、結果としてはその選択が正しかったことが多かったといえます。

「勇往邁進」

　これが今の私の人生訓になっている言葉です。

　本来の意味は「目標に向かって、勇気をもって前進する」ということです。目標が決まれば、どんなに困難な壁があっても、勇気をもってその壁を乗り越えていかなければならない。私は、この言葉を次のように解釈しています。

　「楽な道と苦労の道があれば、苦労の道を選びなさい。」

　成長するためには、苦労をしなければならない。いつも楽な道を選んでいては、成長の機会を失ってしまう。

　あえて苦労の道（イバラの道）を選ぶことで、自らの成長の場を創り出し、それによって少しずつ成長を続けてくることができたと信じています。

　皆さんもこれまでの人生を振り返り、人生訓を考えてみてはいかがでしょうか。それが今後の人生を歩んでいくうえで軸になると思います。

【大切な出会い】

　続いては、これまでに出会った方々のうち、私の経営者としての資質形成に大きな影響を及ぼした人たちとのエピソードを紹介し、「経営者に求められる資質」を考えていきます。

　私はこれまで多くの人に出会い、学び、少しずつ経営者として必要なことを学んできました。そして今もなお多くの方々に支えてもらい、日々、経営者と

して至らぬ点を反省するとともに多くのことを学ばせてもらっています。

○2人の上司

　社会人としての私の基礎を培ってくれたのは、NEC時代の上司である広地俊夫氏と黒田浩司氏の2人です。

　広地さんには新入社員のときからお世話になっています。私が初任配属された部署に新しい部長としてやってきたのが広地さんでした。

　参加した会議で何を話しているのかわからないことが多かった私が、手帳に「プロプラ？」と書き込むと、たまたま隣の席に座っていた広地さんから会議終了後すぐにメールが届きました。

　「プロプラとは、プロプライエタリ（proprietary）の略で、"専用の"とか"独自の"という意味の単語です。会議ではNEC独自のメインフレームのことをいっています。」

　さらに続けて、「わからない言葉をメモしておき、あとで調べるのは、とても良いことなので続けていきましょう」とありました。

　これを読んだときの感動は20年以上経ったいまでもよく覚えています。

　それから先も、わがままで全然言うことを聞かない新人の私を温かく見守ってくれました。

　私はNECを退職してからも、当時静岡支社長であった広地さんに会うために毎年静岡に通いました。広地さんに近況を報告して飲みに連れて行ってもらうのが本当に楽しかったです。

　ちなみに、私が「静岡に行きます」と連絡すると、「新大阪を何時何分発の新幹線に乗ると、何時何分に静岡駅に到着するので、新幹線の改札口を出たところで待っている」と、驚くほど細かいメールの返事が届きます。

　新人だった私にも、NECを退職した私にも、そして今の私にも変わらず接してくれる広地さん。**その人の立場や役職で態度を変えることなく、すべての人に丁寧に接することの大切さは、広地さんから学んだ数多くのなかの1つ**です。

　そしてもう1人。黒田さんには、私がNECの営業部門に異動したときに直属の上司としてお世話になりました。

　広島の尾道出身でラーメン好きな人です。昼時にお客様先へ同行訪問などしたときには、必ず近くの美味しいラーメン屋さんに連れて行ってもらいました（ちなみに、私がNECを退職すると伝えたときも大阪の難波にあるラーメン屋さんでした）。

　黒田さんは本当に不思議な方で、すごいアイデアマンです。普通の人とは違った視点で物事を見ています。とりあえず困ったときは黒田さんに相談すれば何とかなる、そんな不思議な人です。だからこそ、黒田さんのもとにはいろいろな人が相談にやって来るのでしょう。

　また、黒田さんは自分にまったく関係のない相談でもちゃんと受け止めてくれます。「知らんがな」と言いながら。

　まさに"懐が深い"という表現がぴったりの人で、私も黒田さんの懐の深さにずいぶんと助けてもらいました。

「大局観」の大切さ。

　黒田さんから学んだことの1つです。

　黒田さんが何百人もの部下を持つ立場になられたとき、私は「どうして黒田さんはそんなに偉くなれたのですか？」と、子供のような質問をしました。すると、こう答えたのです。

　「いろいろとあるけども、大局観は大切にしてきたつもりだ。」

　これを聞いて、なぜ黒田さんが誰も解決できない困ったことでも、普通の人とは違った視点で解決に導いていけるのか、そのヒントが掴めたような気がしました。

　私はお酒が苦手で、ほとんど飲めないのですが、広地さんと黒田さんに飲みに誘ってもらえるのはいつも楽しみにしています。いくつになっても私の大好きな上司です。

○信頼できる仲間

「経営者に求められる資質」で最も大切なこと、それは**信頼できる仲間を大切にすること**です。

「信用」ではなく「信頼」です。"信じて用いる"と書く「信用」ではなく、"信じて頼る"と書く「信頼」が、この2人については正しい表現であると思います。

それは、当社の役員の安原さんと岡林さんです。

もし私が「なぜ、御社は上場するまでに大きくなれたのですか？」と尋ねられたらこう答えるでしょう。

「安原さんがいたからです。」

また、「なぜ、御社は潰れなかったのですか？」と聞かれたらこう答えるでしょう。

「岡林さんがいたからです。」

つまり、当社が潰れることなく、ここまで大きな会社になったのは、安原さんと岡林さんの2人がいてくれたからだといっても過言ではないのです。

実際、当社では会社を経営していくうえで最も重要な権限である人事権と決裁権をこの2人に預けています。人に関するすべての権限を安原さんに、お金に関するすべての権限を岡林さんにお渡ししています。

したがって、私は人を採用することも給料を決めることもできず、会社のお金を動かすこともできません。

あえてそのような体制にした理由は、いたってシンプルです。安原さんのほうが私よりも人を見る目があり、人を動かす力があったからであり、岡林さんのほうが私よりも数字の管理が正確であり、お金を増やす力があったからです。

自分よりも優秀な人にその分野を任せるほうがうまく進むのは当たり前のことです。また、そのように権限移譲を実践することで、社長が権限を持ちすぎないガバナンス（企業統治）が効いた経営マネジメントを実現できたと思っています。

しかし、「信頼できる人」でなければ、とても任せることはできないでしょう。私は信頼できる2人に出会い、すべてを任せることができました。とても

幸せな経営者だと感じています。安原さんと岡林さんには、この場を借りて改めて心から感謝の言葉を伝えたいと思います。

　講演でこの話をすると、「どのようにしてそこまで信頼できる方と出会うことができたのですか？」という質問を受けることが多くあります。
　そこで、2人との出会いについて少しだけ述べておきます。

　営業ラインを統括している安原さんは、2005年に人材紹介会社を通じて当社に応募してきました。当時、採用担当者が「私では手に負えない人が来てしまいました。社長、お願いします」と、慌てて駆け寄ってきたことをよく覚えています。
　安原さんは、それまで外資系の大手IT企業を渡り歩いてきた経験を持ち、たしかに独特の雰囲気を醸し出していました。初めて会ったとき、不思議な感覚にとらわれました。そして「この人とならば、これまで考え続けてきた事業を成し遂げることができるのではないか」と直感しました。

　さらに話してみると、驚くことに新卒で入社した会社はNECだということで、まさに運命のようなものを感じた私はその場でこう言いました。
　「安原さんに1,000万円を預けます。これで新しい事業を創り上げてください。」

　のちに本人に聞くと、この言葉が印象的だったようでした。いろいろな会社の面接を受けてきたが、そのようなことを言われたのは初めてだったといいます。そして、2005年2月、当社に入社してくれました。
　安原さんが参画して当社に最初に取り入れられた文化の1つが「飲みに行く」ということでしょう。私がお酒を飲めないこともあってか、当社には「飲みに行く」という文化がありませんでした。
　正直、当初は「酒を飲みに行く時間があったら仕事したら？」と思うこともありましたが、数か月後には明らかに社内の雰囲気が良くなったのを実感するようになり、勤務時間外のコミュニケーションの大切さも理解することができ

ました。

　これ以外にも、安原さんからは**論理的には意味のないことの大切さ**を数多く教えてもらったと思います。

　そしてもう１人。当社の管理を統括している岡林さんとは前職時代に知り合っています。当時働いていたベンチャー企業で部門単位の損益管理を実施することになり、経理を担当できる人を募集していたときに応募してきた人です。

　その会社で一緒に働いたのはわずか数か月という短い期間でしたが、岡林さんの高い能力と誠実さを理解するには十分な時間でした。いろいろな事情から、ほとんど同じタイミングでともに退職し、私は独立して営業創造株式会社を設立しました。

　独立して間もない頃、岡林さんと再会する機会があり、そのとき私は言いました。

　「岡林さん、当社は起業したばかりで管理部長を雇うお金がありません。しかし、将来上場を目指すときに管理部長としてうちに来てほしいのです。」

　今考えると、何の保証もない、かなり無茶苦茶なお願いです。

　しかし、岡林さんは、このときの口約束を守り、他のベンチャー企業で上場の準備をひと通り経験したのち、2006年４月、当社に"戻って"きてくれました（あえて「戻ってきてくれた」と表現しています）。

　当時のことでよく覚えている出来事があります。

　2005年の末頃、主要取引先からの要望でプライバシーマークの取得に向けて準備を進めていました。外部のコンサルタントに依頼して準備を進めていくなか、「各種規程を作成してください」という指導を受けていましたが、管理部門のメンバーが次のように話しているのを耳にしました。

　「岡林さんという人が管理部長として近い将来、うちに来てくれる。それまでは何も規程は作らないし、すべての書類を残しておいてほしい。」

　のちに当時のメンバーに聞いてみると、岡林さんという会ったこともない人をみんな待ち焦がれていたそうです。

　このように2人との出会いは偶然です。しかし、運命的でもあります。その**偶然が生んだ運命的な出会いを大事にすることができた、これが信頼できる仲間を見つけることができた理由の1つ**ではないかと考えています。

　せっかくなので、この本人同士の出会いについても紹介しておきたいと思います。

　岡林さんが入社して間もなく、安原さんと2人で飲みに行ったそうです。お店に着くと岡林さんが開口一番、「私はあなたのようなタイプの人が苦手です。」

　「まあまあ、飲もう、飲もう」と安原さん。

　これは安原さんからの供述なので、多少の記憶違いと誇張もあると推測されますが、2人は完全に真逆のタイプであり、相性が良いはずもないと思われます。

　例えると、安原さんが「動」ならば、岡林さんは「静」であり、安原さんが「火」ならば、岡林さんは「水」です。それが不思議なことに今でも2人はとても仲が良いのです。

　もちろん、業務において相反することがあり、時に口論になるような場合もあります。しかし、機会があるたびに2人で飲みに行き、一番長いときは12時間以上も飲んでいたらしいです。何をそんなに話すことがあるのかわかりませんが、とにかく不思議な2人です。

　この2人がいてくれたからこそ、当社は潰れることなく、ここまで成長できたと確信しています。

　当社の「創造・誠実・躍進」という企業理念を考えるとき、「創造」を私が、「誠実」を岡林さんが、そして「躍進」を安原さんが担っているように思うことがあります。

　何か問題が起きたときにも、2人に相談すると安心できるし、不思議なほど良き解決策に導かれていきます。いつも2人に頼ってばかりです。信頼できる

２人がいることで、世間で言われているような“経営者の孤独”を感じることはありません。そういう意味でも２人には感謝の言葉しかありません。改めて心から感謝しています。本当にありがとうございます。

【かっこつけず、品よく】
「経営者に求められる資質」について考えるとき、この言葉を思い出します。

「かっこつけず、品よく、経営していきなさい。」

これは、私が敬愛する西澤民夫氏の言葉です。いつも優しい笑顔で、大らかで、すべてを包み込んでくれる。どんな悩みも受け止めて、豊富な知識と経験から的確なアドバイスをしてくれる。広い人脈から必要な人を紹介してくれる。まさに私にとって経営者としてのメンターであり、人生の道標となる方で、「敬愛する」という表現が一番しっくりきます。

西澤さんとの出会いは、2005年７月に遡ります。当社初の自社製品である『戦略創造』というバランス・スコアカード（BSC）の策定支援ソフトを開発するため、独立行政法人中小企業基盤整備機構（以下、中小機構）から補助金を受けました。この機関で審査を担当されていたのが、当時、本部統括プロジェクトマネージャーであった西澤さんです。

ある日突然、東京から当社に電話がかかってきました。
「中小機構の西澤といいます。このバランス・スコアカードというやつは、とてもおもしろそうですね。少し教えてくれませんか？」
当時は東京に支店もなかった頃でしたが、私は「すぐに行きます。いつお伺いすればよろしいでしょうか」と即答しました。
直感的に、この人からの依頼はすぐに受けなければならない、そう思ったのです。

翌週には東京に出張し、虎ノ門にある中小機構の本部に伺うと、電話の声の

印象どおり、穏やかな笑顔で西澤さんが迎えてくれました。すぐに私の直感は正しかったことがわかりました。

その日は多くの関係者を紹介していただき、人脈を形成することができました。その後も講演の依頼や当社の事業拡大につながる企業を紹介していただくなど、多くの機会を与えてもらえました。

ある日のこと、西澤さんからの依頼による大学での講演を終えたあと、初めて会食に招待してもらいました。お酒が入って少し酔ったのか、いつもより気さくな笑顔で西澤さんが話してくれた言葉が心に刺さりました。それが冒頭の「かっこつけず、品よく、経営していきなさい」です。

この言葉をこれからの先の経営者としての道標にしようと心に刻み、手帳に書き留めました。

その後も事業報告のため継続的にお伺いして西澤さんの笑顔を拝見し、勇気をもらっていました。

2014年春、西澤さんが中小機構の本部統括プロジェクトマネージャーを退任されると聞いた私は、すぐ東京へ行き、思い切って当社の社外取締役への就任をお願いしました。すでに当社以外にもたくさんのオファーを受けられていましたが、いつものように穏やかな笑顔で快諾してくださいました。

それから2019年までの5年間にわたり、忙しいスケジュールを調整し、毎月の取締役会に出席してくださり、数多くのアドバイスをいただきました。経営が厳しいときには優しい笑顔で励まし、順調なときは穏やかに諫めてくれました。

西澤さんは、いつまで経っても私にとって経営者としてのメンターであり、人生の道標であり、憧れの存在です。

■組織に必要なマネジメント

次に、人が組織で働くうえで必要なマネジメントについてみていきたいと思います。その前に、組織が必要な理由についてまず考えてみます。

【なぜ組織が必要なのか】

人は企業で働くとき、組織を作ります。なぜ、企業で働くときに組織を作るのでしょうか。

それはまさに役割分担です。企業は目的を果たすために事業を拡大し、人が増えていく過程で組織が必要となります。

仮に1人で独立したとすれば、すべての仕事を1人でこなさなければなりません。営業、総務、経理などあらゆる職種を1人でやることになります。もちろん外部の専門家に任せることもできますが、内容については理解しておかなければなりません。

やがて少しずつ仕事が増えていくと、1人では時間が足りなくなります。そこで、一緒に働いてくれる仲間を集めていきます。

人が増えていくと、自然と役割分担が生まれます。営業をメインに行なう者、経理を行なう者、総務を行なう者など、役割が分担されていきます。

さらに人が増えて10名を超えるあたりから組織が必要となります。それは、同じ業務を行なう者が複数名になることがきっかけとなる場合が多いです。役割分担とともに業務の分担が必要となり、それを管理する役割も必要となるからです。

このとき、その組織においてマネジメントが必要となります。

「マネジメント＝管理」ではありません。

マネジメントの役割は、「1 + 1 = 2」ではなく、「1 + 1 = 3以上」にする

ことです。

　すなわち、複数名が協力して同じ業務を行なうことで、より効率的に、または、より効果的に業務を行なうことで、今まで1人ずつでやってきた業務の単純な合計よりも大きな結果（＝アウトプット）を出すことです。

　わかりやすく例えると、これまで1人で1時間に10個の商品を作れたとすれば、これを2人で協力して行ない、1時間に21個以上作れるようにすることがマネジメントの役割です。

　このことを理解しておくことは、マネージャーとなる際にとても大切です。

「マネージャー＝管理者」ではありません。

　ただし、管理もマネージャーの大事な役割の1つであることは付記しておきます。

　組織がさらに大きくなっていくと部署が出来ます。営業部、総務部、経理部など、役割に応じた組織です。そして役職も生まれます。社長、部長、課長など、組織の規模が大きくなると役職も増えていきます。

　私は、この役職も役割分担の1つなのではないかと考えています。社長という役割、部長という役割、課長という役割を組織において担っているということです。

　そう考えると、単なる役割なので、社長だから偉いとか、部長だから偉いとかというように、役職による上下関係における誤った認識も減るのではないかと思っています。

　この役職による上下関係について誤った認識を持っている人は、必要以上に部下に偉そうにしたり、必要以上に上司に媚びたりすることで組織に悪影響を及ぼします。いわゆるハラスメント問題が発生する原因の1つでもあります。

　それでは、社長や上司は偉くないのでしょうか。もちろん、そのようなことはありませんが、ただし、それは責任の重さの違いです。

課長よりも部長、部長よりも社長のほうが組織において重い責任を背負っています。そういう意味では、やはり上司は偉いといえます。

　正確にいうと、上司に対して、自らよりも重い責任を担っていることに対する尊敬の念を持つことはとても大切です。上司においては、部下から尊敬の念を持たれるように組織における責任を自覚して日々発言し、行動しなければなりません。

　このように企業が目的を果たすために事業を拡大し、人が増えていく過程で部署が増え、役職が増えて、組織が出来ていくのです。

【組織に必要なマネジメントの形態】

　組織にとって必要なマネジメントは、その規模および人数や設立からの年数によって異なります。

　ここでは、当社における組織の変遷を、資金調達の方法（第3章）と同様、5つのステージ（創業期、成長期、停滞期、変革期、飛躍期）で振り返ることで必要なマネジメントについて理解を深めていきたいと思います。

(1)　創業期（2002年〜）のマネジメント

　創業期の当社は、役員と従業員すべて合わせても10名に満たない小さな組織でした。当然オフィスも1つしかなく、とても狭かったため、毎朝、全員の顔を見渡せる状況でした。

　この頃のマネジメントを一言で表現すれば、「恐る恐る」となります。

　従業員に対して相当気を遣っていました。他の役員から「社長は、どうしてそこまで気を遣っているのですか？」と言われるほどに。

　なぜなら、この10名にも満たない人数のときには、1人が辞めてしまうと全体に大きな影響を及ぼします。売上が落ちることはもちろん、お客様にも多大な迷惑をかけるような事態になることも十分に想定されます。

　当然、入社したばかりのメンバーで構成されているわけですから、時には注意することが求められる場面があります。そのような状況でも直接自ら注意す

るのではなく、他の役員を経由して注意してもらうようにしていました。

　理由は、経営者である私が直接叱ってしまうことで従業員が委縮し、辞めてしまうのが怖かったからです。これは当時、私にとって相当なストレスでした。創業期はお金もなく、思ったような成果を出すことができない従業員がいても我慢しなければなりません。

　ついつい、この従業員にいくらのお金がかかっているのかを考えながらも、直接叱って辞められても困るというジレンマに陥っていました。

　当時、お世話になった先輩経営者の方に教えてもらった言葉が印象に残っています。

　「赤の他人が作ったばかりの知らない会社に、朝起きて、毎日来てくれるだけでも感謝しないといけないよ。」

　当時の私に伝えてあげたいです。

　「そこまで気を遣わなくても大丈夫。社長から叱られたぐらいで辞めてしまう人は、いずれにせよ長くは残らないから」と。

(2)　成長期（2005年〜）のマネジメント

　2005年にベンチャーキャピタルからの資金調達に成功し、そこから3年のうちに従業員数は50名を超えて、拠点も大阪・東京・名古屋の3つに拡大しました。

　この頃のマネジメントを一言で表現すれば、「前のめり」となります。

　求人媒体や人材紹介会社などあらゆる手段を活用してどんどん採用を続け、毎月、毎月、従業員が増えていきました。すべて中途採用です。採用条件の給料面も、応募者の前職の年収以上を提示していたので、優秀な人材がどんどん入社してくれるようになりました。

　私は、優秀な人材はマネジメントなど必要なく、勝手に活躍してくれると信じていました。とにかく優秀な人材をたくさん集めれば、会社は勝手に成長していくと錯覚していたのです。まさに「前のめり」です。

　しかし、組織マネジメントはそのような単純なものではなかったことに気づいたときには、時すでに遅しという状態でした。

たしかに優秀な人材が多く入社してきてくれましたが、みんなの意識がバラバラで、まだまだ小さな組織なのに派閥のようなものが生まれ、時に派閥のリーダー的な者同士がお互いを牽制しあうような場面も見られました。組織としてのマネジメントが機能していませんでした。

　いま振り返れば、このときの「優秀な人材」の"優秀"の定義とは何だったのでしょうか？

　前職での役職や給料が高かった人材が当社にとっても"優秀"だと勘違いしていたのではないか。もちろん、本当に優秀だった人も多くいたと思います。しかし、組織として彼らの能力を活かすことができなかったのです。

　当時の私に伝えてあげたいです。

　「これまでの企業で"優秀"だった人材が、当社にとっても"優秀"だとは限らないよ」と。

(3)　停滞期（2009年〜）のマネジメント

　リーマン・ショックからの世界不況の影響を受けて、当社の業績も大幅に悪化し、採用も一切止めることになりました。それどころか資金繰りに窮して、全社員10％の給与カットをお願いしなければならない事態となっていました。

　この頃のマネジメントを一言で表現すれば、「どんより」となります。

　2005年に資金調達に成功してからの３年間は、毎月、毎月、売上高も従業員数も増え続け、まさに成長期でした。そしてこれからも成長し続けることを前提として計画を立て、オフィスの拡大など、いくつかの事業をすでに実行していました。

　しかし、この世界不況の影響を受けて、伸びていくはずの売上は停滞し、瞬く間に下降していきました。その結果、資金繰りも急速に悪化し、給与削減もやむを得ない状況に陥りました。

　さらに追い打ちをかけるように、投資を受けていたベンチャーキャピタルから１億円を超える株式の買戻しの交渉もあり、毎日、気分は「どんより」としていました。50名を超える従業員とその家族の生活を守らなければならないという重圧と先の見えない不安を抱えていました。

　真っ暗闇の沼の中に頭まで沈められ、苦しくなったらなんとか水面に顔を出して呼吸をする。そんな精神状態で日々を過ごしていました。

　本来ならば、このようなときこそ、努めて明るく従業員を鼓舞するのが経営者の役割であると思います。しかし、当時の私にはそのような器量はなく、日々「どんより」した顔を見せてしまっていました。そのため、役員をはじめ、経営幹部の皆さんが現場のつらく厳しい状況を支えてくれていました。

　このとても苦しい日々を一緒に乗り越えたからこそ、本当の意味での信頼を経営幹部の皆さんに対して持てるようになったのではないかと思います。「信用」ではなく「信頼」です。

　それまでも"信じて用いて"いました。しかし、この頃から"信じて頼る"ことができるようになりました。信頼して任せるというマネジメントへの転換点であったと考えています。

　当時の私に伝えてあげたいです。
　「あなたが思っているよりも従業員は強く、冷静である」と。

⑷　変革期（2012年〜）のマネジメント

　暗黒の3年間をどうにか乗り越えたとき、当社は創立10周年を迎えました。新たな成長を求めて初めてのM&Aを実行し、さらに持株会社（ホールディングス）体制へ移行することで、自ら創業した企業の経営を、共に事業を立ち上げてきた信頼できる役員に任せることにしました。

　この頃のマネジメントを一言で表現すれば、「きっぱり」となります。

　これまでのIT営業アウトソーシングの営業創造株式会社（以下、営業創造）とはまったく業界も業種も異なる、介護レクリエーションのWebサイトを運営するスマイル・プラス株式会社（以下、スマイル・プラス）をグループに迎えました。これまで10年間経営してきた営業創造のマネジメントは当社の信頼できる役員に完全に任せ、私は新規事業である介護レクリエーション事業の立ち上げに専念することにしました。

　スマイル・プラスは従業員も1名だけで、さすがにそれでは何も進まないため、営業創造から1名出向してもらい、私も含めて3名でのスタートとなりま

した。

　ここでは、営業創造の立ち上げ時とはまったく異なるスタイルでマネジメントしていこうと決めました。理由はいくつかあります。
　1つ目は、創業メンバーである2名が女性であったこと。
　2つ目は、介護業界向けの事業で社会貢献のイメージが強いこと。
　3つ目は、自分への挑戦です。

　営業創造では27歳の若さで社長になったので、意識的に実際の年齢よりも上に見られるように容姿をはじめ発言にも注意しました。
　従業員との距離を近づけることのないようにして、業務時間中は仕事以外の話を一切せず、規則や規律を重視したマネジメントスタイルを実践しました。従業員からすると、"怖い"とか"厳しい"というイメージが強かったのではないかと思います。実際、従業員から気軽に話しかけられることもほとんどありませんでした。

　そこで、スマイル・プラスの代表に就任したことを機に、これまでのマネジメントスタイルをがらりと変えることにしました。これまでの自分なりのこだわりを「きっぱり」と捨てました。
　まずは見た目からと思い、それまでの風が吹いても乱れないようなオールバックに近い髪型から、ふわっとした髪型に変えました。話し方も従業員との距離もすべて変え、業務時間中に他愛もない日常会話をするように心がけました。ほとんどの会議やルールも廃止し、不規則で自由度の高いマネジメントスタイルです。

　両社のオフィスは、同じフロアの壁1枚で区切られただけだったので、あまりの急激な変化に、営業創造のメンバーからは戸惑いの声が出ることも十分に理解していました。それでも変化に挑戦するために新しいマネジメントスタイルを貫くことにしたのです。
　その後も創業メンバーの1人が仲間を集めてくれて、スマイル・プラスは女

性が中心の、良くいえば「明るい」、悪くいえば「騒がしい」というイメージの会社となりました。

この新しいマネジメントスタイルを実行していくなかで、いくつかの気づきがありました。

良い面としては、会話が増えることで新しいアイデアが生まれることが増えました。介護業界というこれまでまったく経験したことがない分野における知識や現場の空気感などを把握するために、この他愛もない日常会話のなかに出てくるキーワードが次のビジネスを考えるためのヒントにもなりました。また、メンバー間での会話も増えて、お互いに学び合い、助け合う機会も増えたように思います。

一方で、悪い面もありました。あらゆる面で無駄が増えたことです。無駄な時間、無駄な会話、無駄な気遣い、無駄な争い…。いや、すべてが無駄なわけではありませんが、それでも目に余る無駄をどのように減らすのか、良い面をなるべく残したままで、というジレンマを日々感じていたのも事実です。

そのようなジレンマを抱えていたある日のこと、メンバーの１人から「お願いですから営業創造から管理者となれるマネージャークラスの人に来てもらってください。社長から直接指示を受け続けるのに耐えることができません」と懇願されてしまいました。

たしかに変化を厭わず、かつ、スピード感を最優先したマネジメントを貫いていたので、メンバーには多大な負担をかけていたと思います。それをわかったうえで無視していました。しかし、いよいよ限界が来たのです。

幸いなことに、営業創造から私の下で新規事業開発を行なってきた経験を持つマネージャーが転籍してきて、現場のメンバーと私との橋渡しならびに防波堤として機能してくれました。自由で明るい雰囲気は残したままで、ルールや規律の部分はそのマネージャーが一手に担ってくれたのです。

マネージャー本人には相当な苦労とストレスをかけてしまったと大変申し訳なく思っています。

さらに大きな変化があったのは営業創造のほうでした。

持株会社（ホールディングス）体制への移行にともない、営業創造の社長が私から信頼できる役員に交代したのです。

「トップが変われば組織も変わる」

まさに、それを目の当たりにすることとなりました。

新しい社長は、事業を長きにわたって統括してくれていたため、引継ぎ事項もあまりなかったように思います。

「これからはあなたが社長です。以後、私からは何の指示もしないし、会議などにも出席しません。経営状況は毎月の取締役会で聞かせてもらうだけで、それ以外は報告も一切必要ありません。どうしても困ったときにだけ相談してください。この会社のすべてをお任せします。」

これだけを伝え、本当にすべてを「きっぱり」と任せました。それから先、営業創造は驚異的な速さで変革を遂げ、大変な勢いで成長を遂げていったのです。

多くの変革のなかで1つわかりやすい事例を述べれば、女性の採用でしょう。

これまではIT業界における営業ということで、固定観念にとらわれていた私は男性中心に採用を行なってきました。事実、私が社長であった頃の営業創造は、社員の9割近くを男性が占めていました。

しかし、新しい社長は発想を変えて女性の採用を積極的に進めていきました。その発想の転換が功を奏し、女性のIT営業担当者が次々と目覚ましい活躍をしてくれました。そして、数年後には女性比率のほうが高くなり、その後も営業創造は成長を続けています。

当時の私に伝えてあげたいです。

「固定観念にとらわれず、変革していかなければならない。生き残るのは、強い者ではなく、時代に合わせて変化できる者なのだから」と。

⑸　飛躍期（2016年～）のマネジメント

2016年の売上高は5億円程度で、まだ赤字の状態でしたが、翌年からは黒字

に転換し、業績も伸び続け、2019年には売上高で10億円を突破し、税引き後当期純利益で5,000万円を超える企業に成長を遂げることができました。

　つまり、創業から14年かかってようやく5億円を超えた売上高が、そこからわずか4年で倍増して10億円を超えたのです。まさに飛躍期といえるでしょう。

　この頃のマネジメントを一言で表現すれば、「チームマネジメント」となります。

　マネージャーが育つと組織も育ちます。裏を返せば、マネージャーが育っていないのに組織が大きくなると、組織がうまく機能しません。

　1人のマネージャーが管轄できる部下の人数は10名程度でしょう。それ以上の人数になるとマネジメントできる人材が必要となります。さらに事業の種類が増えたり、事業の拠点（支店など）が増えたりしたときにも、それぞれにマネジメントができる人材が必要になります。

　私は、事業の規模を拡大していくために、マネージャーの育成を最重要の経営課題としてさまざまな取り組みを行なってきました。しかし、せっかくよいマネージャーになってくれるであろうと期待していたメンバーが退職してしまうなど、マネージャーの育成には相当な苦労がありました。

　マネージャー育成の取り組みのうち、効果の高かったものは次の3つです。
① 　人事制度の構築
② 　経営勉強会の開催
③ 　幹部合宿の実施
　なお、前提として、日々の業務における継続的な教育が最も大事であることは理解しておいてください。

　まず、①人事制度の構築では、外部の講師を迎えてマネージャー候補のメンバーとともに約1年間にわたり毎月議論を行ない、人事評価制度を作り上げました。

　部下の給料を決めるのはマネージャーの大切な仕事です。その基礎となる人事評価制度をマネージャー候補の皆さんと知恵を出し合って考えていくことは、

その後の評価制度の運営、つまり部下のマネジメントにも大いに役立ったと思います。

人事評価制度の構築を外部の専門会社に任せてしまったり、また社内の人事部門だけで作成しても、実際の運用面で苦労したりすることが多いものです。やはり、人事評価制度は自社独自のものを作るべきであり、それはマネージャー研修のテーマとしても有意義であると思います。

次に、②経営勉強会の開催では、私が主宰する経営勉強会を2009年と2013年の2年間、毎月、行なってきました。参加者の皆さんとともに毎回テーマを決めて、私の講義を1時間、参加者からの質問に答える1時間の計2時間の勉強会です。この勉強会に参加してくれていたメンバーが現在、当社の経営幹部となっています。

なお、経営幹部の皆さんが当時の質疑応答を「経営問答集」という冊子に取りまとめてくれました。経営勉強会の雰囲気を理解し、今後のマネージャー育成にも役立つものになっていると思います。

大事なことは、経営者が将来の経営幹部と直接話し合う機会を、繰り返し作ることです。

最後に、③幹部合宿の実施です。正直、私は集団行動が苦手です。大勢で泊まりに行くことはもちろん、ご飯を食べに行くことも好きではありません。したがって、この幹部合宿を提案されたとき、心の中では反対でした。

しかし、その苦手意識を差し置いても幹部合宿は組織の強化にとって重要だと考え、実施しました。それぞれのマネージャーが成長しても、マネージャー同士の意思疎通や連携がなければ組織の成長はないからです。

特に、2016年に3社が合併してＢＣＣ株式会社が誕生した後に開催された幹部合宿は、それまで異なる組織と企業文化であったマネージャー同士の連携を生み、事業のシナジー効果を生み出すうえでとても意義深いものでした。まさに「チームマネジメント」が生まれた瞬間でした。

　ちなみに、幹部合宿は、実際に行ってみるととても楽しく、有意義でした。次の合宿も喜んで参加したいと思っています。

　こうしてマネージャーが成長し、意思疎通や連携が生まれて「チームマネジメント」ができるようになったことが、飛躍期における急速な従業員数の増加を支える基盤となりました。

　当時の私に伝えてあげたいです。
　「食わず嫌いはよくない。そして、同じ釜の飯を食うことも大切だよ」と。

　ここまで、当社における組織の変遷を5つのステージで振り返ることで、組織に必要なマネジメントについて述べてきました。
　ここで本章のテーマである「組織に必要なマネジメント」を補足するため、私の考える「マネージャーの仕事」について以下に追記しておきます。

【マネージャーの仕事】

　さきほど、部下の給料を決めることはマネージャーの大切な仕事と述べましたが、それは最も難しい仕事でもあります。
　もちろん、マネージャーにとって重要な仕事はほかにもたくさんあります。経営方針を部下に伝えること、業務の進捗を管理すること、コミュニケーションを取ること、などなど。
　どれも重要な仕事であり、優先順位は甲乙つけ難いです。しかし、"最も難しい"仕事といえば、部下の給料を決めることで間違いないでしょう。

　まだ部下を持ったことがない方に、あらかじめ知っておいていただきたいことがあります。
　それは、「多くの上司は自分の部下の給料を上げたいと思っている」という事実です。

　こう聞くと、まだ評価される側の立場にいる方は信じることができないかも

しれません。また、これは単なる綺麗ごとでもありません。部下が望む以上の給料を払い続けることができれば、毎回の人事評価における上司の悩みの大部分は解消されるからです。

しかし、部下が望む以上の給料を払い続けることは現実的には難しい。なぜなら、お客様からいただくお金（＝売上）には限界があり、そこからさまざまな費用を払った後の一部が、皆さんの給料の原資になるからです。したがって、部下の給料として支払うことができる金額には常に上限があり、それ以上に給料を上げることは不可能なのです。
これは「経営視点」にほかなりません。

今まで部下を持ったことがない方は、人事評価後に次のような感想を持つことが多いでしょう。
「どうして、この上司は自分の頑張りを評価してくれないのか？」

しかし、実際に部下を持つ立場になったとき、その誤解に気づくことになります。
多くの企業においては、人事評価と賃金査定は連動しています。したがって、皆さんの頑張りを評価したとしても、支払うべき給料の原資が足りないため、上司は、部下の頑張りを認めていても高い評価をつけることができないのです。
さらにいえば、高い評価をつけて、部下が望む以上の給料を払い続けることができれば、高いモチベーションで仕事をしてくれるということは当然わかっています。それができない理由は、給料の原資に上限がある場合が多いからです。だからこそ、部下の給料を決めるのはマネージャーにとって最も難しい仕事なのです。理想と現実のギャップに毎回悩まされることになるのです。
マネージャーの最も難しい仕事は、部下の給料を決めることであり、最も大切な仕事でもあるのです。

当社が経験してきた道のりが、今後の皆さんの組織におけるマネジメントの参考になることを心から願っています。

第 5 章
IPO の実現

― 上場への道標 ―

■上場するとは

「上場する」とはどういうことでしょうか？

未上場企業の株式は、市場で売ったり買ったりすることはできません。一方、上場企業の株式は、市場で売ったり買ったりすることができます。

つまり、上場するということは、その企業の株式が商品のように誰でも売ったり買ったりできるようになるということです。

したがって、上場における審査とは、"その企業が「商品」として売れる品質があるかどうか"を確かめられるということです。

ここで理解しておきたいことは、その企業が提供している商品やサービスについてだけ審査されるのではなく、**その企業自身が商品として売れるかどうか**を審査されるということです。

したがって、その企業を構成する「人」、「もの（＝事業）」、「金」をはじめとするすべてが審査の範囲であり、審査項目も多岐にわたります。

東京証券取引所によって公開されている主な審査項目（2022年時点）は次の5項目です。

① 企業の継続性および収益性
② 企業経営の健全性
③ 企業のコーポレートガバナンスおよび内部管理体制の有効性
④ 企業内容などの開示の適正性
⑤ その他公益または投資家保護の観点から当取引所が必要と求める事項

これらの項目について、書面および対面形式で多岐にわたる質問に回答することで審査が行なわれます。この審査は証券会社の審査部と取引所の審査部によって実施されます。

また、上場を実現するためには、**主幹事証券会社、監査法人、株式事務代行機関、公開専門の印刷会社**などのさまざまな外部の支援機関からサポートを受ける必要があります。特に、主幹事証券会社と監査法人については、上場準備

の過程においても重要な役割を担うため、慎重に選ぶことが求められます。

　このあと当社の事例についても、この主幹事証券会社と監査法人との関連について詳述していきます。

　なお、上場の準備にかかる期間は短くても3年程度、外部の支援機関に支払う費用は少なくとも数千万円は必要となります。さらに社内体制の充実のために社外取締役や監査役および管理本部の増員などを考えると、年間で数千万円の人件費が追加で必要となります。

　したがって、上場を実現するためには、少なくとも3年以上の期間と1億円以上の費用がかかると考えておくとよいでしょう。

■なぜ多くの経営者は上場を目指すのか

　上場を資金調達の手段の1つとすることには大きな違和感があります。そこで、資金調達とは切り分けて述べることにします。

　たしかに、上場すれば数億円からそれを超える多額の資金を調達することができます。しかし、少なくとも資金繰りに困るような状況の企業は上場できない場合が多いです。それは前述したように上場準備には多額の費用と多数の人員が必要となるからです。

　したがって、資金調達だけを目的に上場する企業は少ないといえます。

　それでは、なぜ、多くの経営者は上場を目指すのでしょうか。その答えは1つではありません。それでも自分なりの答えを見つけることができなければ、この上場という非常に高い壁を乗り越えることはできないでしょう。

　現在、日本には約367万社の企業があります（総務省・経済産業省『令和3年経済センサス――活動調査』2022年5月）が、そのうち上場している企業は約4,000社しかありません。

　つまり、日本のすべての企業のうち、上場している割合はわずか0.1%程度であることを考えると、上場がどれほど高い壁であるのかを容易に想像できる

のではないでしょうか。

　もちろん、すべての企業が上場を目指しているわけではありませんので、この数字が上場できる実際の確率とは異なることも念のため付記しておきます。

■IPO とは

　IPO は Initial Public Offering の略で、一般的には（新規）株式公開ともいわれます。「IP」は、「Initial（＝最初の）」「Public（＝公開）」ということで、初めて株式を取引所に上場することを意味します。

(1)　IPO のメリット

　ここで改めて、IPO のメリットについて整理しておきましょう。まず、一般的に IPO には次の３つのメリットがあるといわれています。

　　①　資金調達の円滑化・多様化
　　②　企業の社会的信用力と知名度の向上
　　③　社内管理体制の充実と従業員の士気の向上

　以下、それぞれについて見ていきます。

①　資金調達の円滑化・多様化

　IPO のときには、「公募」と「売出し」という方法で資金調達することができます。公募とは、企業が新株を発行して増資を行なうことで、売出しとは、既存株主が保有する株式を売却することです。

　さらに上場後にも公募による増資、新株予約権・新株予約権付社債の発行などのさまざまな手法で資金調達ができるようになります。

②　企業の社会的信用力と知名度の向上

　IPO をすることで企業の社会的な信用力が向上します。また、IPO のときには、新規公開株を買い求めるため、非常に多くの方々が申込みされることにな

ります。

　実際、当社のような小さな規模でも数十万件というお申込みをいただきました。また、上場後にも株式市況欄をはじめとする新聞報道などメディアに取り上げられる機会が増えて知名度の向上にもつながります。

③　社内管理体制の充実と従業員の士気の向上

　IPO をするためには、適切な企業の情報開示を行なっていくため社内管理体制を充実させなければなりません。社内管理体制を充実させ、組織的な企業運営を実現することで、個人的な経営からの脱却を図り、パブリックカンパニーとなっていきます。

　そして、自らの仕事が社会に及ぼす影響が増えていくことで従業員の士気の向上にもつながります。

(2)　IPO までの全体スケジュール

　上場準備から IPO までは、少なくとも 3 年以上の期間がかかるといわれています。その理由の 1 つは、IPO のためには、監査法人からの 2 年間の監査証明を得ておく必要があるからです。

　上場するまでのスケジュールには独特の呼び方があります。

　まず、上場を申請する決算期を「申請期（N 期）」といいます。そこを基準として、その前の決算期を「直前期（N − 1 期）」、2 期前を「直前々期（N − 2 期）」、3 期前を「直前々々期（N − 3 期）」といいます。

　それらのスケジュールとともに主なイベントを下記に整理しておきます。

直前々々期（N − 3 期）	監査法人や証券会社などの選定
直前々期（N − 2 期）	監査法人と契約、証券会社の引受部門と上場準備
直前期（N − 1 期）	内部管理体制の運用、申請書類の作成
申請期（N 期）	証券会社の審査部門と東京証券取引所からの審査

　まず、直前々々期（N − 3 期）に、監査法人からショートレビューといわれ

る上場に向けての課題を抽出するための短期調査を行なってもらいます。そこで抽出された課題のうち、監査法人との相談のうえで直前々期（N－2期）までに解消しておくべき事項を解決しておきます。

　これが最初の大きなハードルとなっており、自社だけでは課題の解決を図ることができず、監査法人との監査契約を締結することができないため、いつまでも直前々々期（N－3期）から前に進めない企業が数多くあります。

　次に、直前々期（N－2期）には、監査法人からの監査を受けながら、証券会社の引受部門と規程の整備などの上場準備をスタートします。

　ここで覚えておいてほしいことは、証券会社の引受部門の目的は、上場できる企業に育てることであり審査ではないということです。したがって、上場に向けて足りない点やわからない点などは遠慮なく聞いて、その解決策を一緒に考えてもらうことになります。

　続いて、直前期（N－1期）には、直前々期（N－2期）に整備した内部管理体制が適切に運用できているかを確認しながら、上場審査に必要な申請書類を作成していきます。

　そして、申請期（N期）には、証券会社の審査部門による審査が始まります（上場のタイミングによっては、直前期（N－1期）に証券会社の審査部門による審査が始まる場合もあります）。

　証券会社の審査部門によって期間は異なりますが、おおよそ3〜6か月間の長い審査となり（不備があるとさらに期間は延びます）、その内容も内部管理体制から予実管理など多岐にわたります。

　この長い審査を乗り越えると、いよいよ東京証券取引所による上場審査が行なわれます。上場審査はおおよそ2〜3か月となります。

　これらの審査をすべて乗り越えると上場承認を受けることができ、その約1か月後に晴れて上場となります。

　当社の事例にもとづくより具体的な内容は後述しますが、まずは一般的なIPOまでの全体スケジュールを理解しておくことが大切です。

　一方で、このスケジュールどおりにすべてが順調に進んで上場できるケースは実はあまり多くないことも付記しておきます。

⑶　上場企業に求められる責任や義務（コーポレートガバナンス）

　本章の冒頭でも述べたように、上場企業の株式は、不特定多数の人々が市場で売ったり買ったりできます。つまり、不特定多数の投資家（または企業）の投資対象となります。

　したがって、投資家保護の観点から決算発表や企業内容などの適切な開示が要求されるなど、上場企業には新たな社会的責任や義務が生じることになります。

　また、上場企業には「コーポレートガバナンス」の構築が求められます。

　コーポレートガバナンスとは、日本語では「企業統治」と訳されており、企業経営において公正な判断・運営が行なわれるように監視・統制する仕組みを表しています。

　つまり、企業が、株主をはじめ、顧客・従業員・地域社会などの立場をふまえたうえで、透明・公正、かつ、迅速・果断な意思決定を行なうための仕組みともいえます。

　コーポレートガバナンスを構築するには、会社全体の機関設計を行なう必要があります。会社法および自社の定款に沿って、監督機関・執行機関・監査法人といったように、適切なバランスをもった統治が可能な組織体制の構築が求められます。

　具体的には、次のような機関を設置することが必要となります。

⑴　取締役会
⑵　監査役会、監査等委員会または指名委員会等
⑶　会計監査人

　このとき、⑴および⑵については、過半数の社外役員が必要となります。

　なお、IPOを目指す企業は、直前期（N−1期）1年間は上場時と同じ機関

設計での運用実績が求められるため、直前期（N−1期）までに機関変更をしておく必要があります。

このように、上場企業にはコーポレートガバナンスを構築するとともに、投資家保護の観点から決算発表や企業内容などの適切な開示が要求されるなど新たな社会的責任や義務が生じることになります。

■外部支援機関の助言は不可欠

前述したように、上場を実現するためには、**主幹事証券会社、監査法人、株式事務代行機関、公開専門の印刷会社**などのさまざまな外部の支援機関からサポートを受ける必要があります。

主幹事証券会社は、上場申請準備段階では資本政策や社内体制整備のアドバイス、上場にあたっての手続きのサポートを実施します。また、上場における会社内容の審査（引受審査）も行ないます。

つまり、上場準備の支援と上場審査という、一見すると相反する大きく2つの役割を担います。したがって、それぞれの役割によって証券会社で部門ごと分けている場合が多く、上場準備の支援を引受部門が担当し、上場審査を審査部門が担当します。

引受部門と審査部門の役割は明確に異なるため、「同じ証券会社なのに言っていることが違う…」などと困惑する場面があります。

監査法人とは、公認会計士が中心となった組織であり、企業の財務諸表が法律や会計基準に沿って適正に作成されているかをチェックする役割を担います。

上場すると、企業が公開した財務諸表を見て、その企業の株式が売買されます。つまり、この財務諸表に不正があると、株式の売買を正しい情報にもとづいて行なうことができないということになります。

したがって、企業が正しく、かつ、タイムリーに財務諸表を公開できること

が上場の必要条件であり、それができているかどうかを客観的に証明するのが
監査法人なのです。

　株式事務代行機関は、株主名簿管理人として、企業に代わって株式の名簿書
き換え事務をはじめとする株式全般の事務を代行します。また、株主総会の運
営もサポートしてくれます。
　「証券代行」ともいわれており、信託銀行および各取引所の指定する証券代
行会社となります。

　公開専門の印刷会社は、IPO の際に提出が義務づけられている目論見書の作
成をサポートしてくれます。目論見書とは、投資判断に必要な重要事項を説明
した書類のことです。また、上場後には開示書類の作成や IR の支援も行なっ
てくれます。
　有価証券報告書や決算短信などの開示書類は会社法などの法律や各証券取引
所の規程にもとづいて作成する必要があり、公開専門の印刷会社の蓄積された
ノウハウが非常に頼りになります。

■当社の上場への道のり

　当社は、2021 年 7 月 6 日に東証マザーズへの上場を実現しました。2002 年 3
月 6 日に創業してから実に 19 年と 4 か月かかったことになります。
　東京証券取引所が発表している資料を見ると、東証マザーズに上場した企業
の設立から上場するまでの平均期間は約 11 年であり（参考：東京証券取引所
「市場構造の在り方等に関する市場関係者からのご意見の概要（2019 年 5 月更
新版）」）、当社は平均から 8 年以上も遅れての上場となりました。

　ここで改めて、上場準備をスタートするまでの長い道のりの概略を振り返っ
ておきます。

まず2002年、「将来、上場できるような会社にしていきたい」、そのように宣言して会社を設立しました。それから３年が経ち、2005年、ビジネスプランコンテストで優勝したことをきっかけにベンチャーキャピタルからの出資も受けて、上場に向けて事業を拡大していきました。

そして2008年、いよいよ上場準備をスタートしようとした矢先に、リーマン・ショックからの世界不況の影響を受け、上場どころか会社の存続すら危ぶまれる状態になり、上場準備を断念しました。

2012年、会社設立10周年を迎えて、スマイル・プラス株式会社をグループに迎えて新たな事業もスタートしました。

そして再び事業会社とベンチャーキャピタルからの資金調達に成功し、ホールディングス体制から３社を統合して、2016年、ＢＣＣ株式会社が誕生しました。それを機に改めて上場準備をスタートさせました。

(1)　主幹事証券会社の選定

2015年の夏に事業会社および当社の顧問の先生方などから総額6,300万円の増資に成功し、当面の資金繰りの心配がなくなったとき、まず、**主幹事証券会社の選定**に着手することにしました。

主幹事証券会社は、東京証券取引所の Web サイトにも掲載されている18社の証券会社（2023年４月現在）から選ぶことになります。

実際には、新規上場会社の公開資料には主幹事証券会社も明記されているため、直近３年程度で複数の企業を上場させた実績がある証券会社を選ぶのが無難であり、そういう視点で見ると選択肢は８社くらいの証券会社に絞られるでしょう。

それでは、それらの証券会社とはどのようにして知り合うのでしょうか。

各証券会社には法人向けの営業部門があり、彼らは上場を目指す企業を訪問しています。ピッチ（少数の相手に短時間で新規ビジネスなどのアイデアを売り込むもの）に出場したり、ビジネスプランコンテストで入賞したり、ベンチャーキャピタルから出資を受けたりすると、さまざまな証券会社からのアプローチを受けることになります。

　当社の場合も、ピッチやビジネスプランコンテストなどで出会ったり、ベンチャーキャピタルや取引銀行などから紹介を受けたりすることで当社に関心を持っていただいた証券会社が 5 社ありました。

　そのうち、上場に向けてのスケジュールや体制なども含む条件面の相談を進めていくうえで、最終的に 2 社の証券会社に選択肢が絞られました。

　両社とも、とても熱心にご提案いただき、最後の最後まで悩んだ結果、2015年当時の引受部門が大阪にあるか否かという理由で、大手銀行の系列である証券会社に主幹事を依頼することになりました。

　翌2016年には同じ大手銀行の系列であるベンチャーキャピタルからの出資も受け、万全の体制で上場準備をスタートすることができました。

　当社を担当した引受部門のベテラン担当者から丁寧に指導をいただき、また管理部門の責任者との相性もとても良かったのです。これで主幹事証券会社が決まりました。

(2)　監査法人の選定

　次は監査法人の選定です。

　上場するためには、監査法人から 2 期間の監査を受けて、適正であると意見を出してもらわなければなりません。つまり、**最低でも 2 年間の監査法人との契約が必要**となります。

　当社では、2005年のビジネスプランコンテストで最優秀賞を受賞したときの副賞として、大手監査法人のショートレビュー（上場に向けての課題を抽出するための短期調査）を無料で受ける機会をいただきました。

　それをきっかけとして、以降長らく大手監査法人のサポートを受け続けてきました。

　当時の当社の売上や従業員数などから考えると明らかに分不相応な状況ではありましたが、この大手監査法人の方々はとても丁寧、かつ、親身に対応してくださいました。また、リーマン・ショックからの世界不況の影響を受けて上場どころではなくなったときにも見捨てることなく真摯な対応を続けてくださ

いました。

　上場審査においても、この大手監査法人から的確な指導を受け続けることができたことが、企業内容などの開示の適正性について高い評価を受けることができた理由の１つであると思います。

　近年では、中堅の監査法人から監査を受けて上場を実現しているベンチャー企業も増えてきています。当社でも費用面や対応の迅速性の観点から中堅の監査法人への変更を検討することがありました。

　しかし、当時の主幹事証券会社から「近年では大手監査法人とは契約をすることも難しい。そして、費用は高くなったとしても、やはり大手監査法人からの適正意見についての信頼性は高い」というアドバイスを受け、最終的には、長らくお世話になっている大手監査法人との監査契約を締結することに決めました。

　これで上場に向けて主幹事証券会社と監査法人が決まりました。

　2017年、2018年の２年間を規程の整備などの上場準備や会計監査を受ける期間として、2019年の上場を目指すことで主幹事証券会社と監査法人とも合意を得て上場準備をスタートしました。

(3)　上場審査のタイムリミット

　2017年からの２年間は当社の業績も順調に伸びていき、上場準備も着実に進んでいきました。そして2018年の年末が近づき、監査法人からの２期間の監査も無事終わり、いよいよ来年の上場に向けて証券会社の審査部門による審査が始まる予定でした。

　しかし、年が明けて2019年になっても一向に審査が開始されません。証券会社の引受部門としては十分に準備ができているという判断だったのですが、審査部門としてはまだ準備不足で審査に入れる状況ではないという判断でした。

　つまり、同じ証券会社の引受部門と審査部門の間で意見が分かれており、決着がつかないまま１か月、２か月…と月日だけが過ぎていきました。

　証券会社の審査と証券取引所の審査の期間を考慮すると、上場日までには８か月ほどの期間がかかるため、2019年に上場するためのタイムリミットが迫ってきました。

　何度も何度も審査部門から事前に確認が届き、引受部門を通じて回答し、それでも審査が開始されないまま３月を迎えました。今月中に審査が開始されなければ2019年の上場は間に合いません。つまり今期の上場は断念することになってしまいます。

　ここで１つ、上場に関して理解しておいてほしい言葉があります。「期越え」と呼ばれる、上場時期に関する用語です。

　当社の決算期は９月のため、2019年９月期といえば、同年９月末までとなります。しかし、株主総会は決算から３か月以内に開催されるため、当社の場合、同年12月末までに開催できればよいことになります。

　すなわち、この2019年10月１日から12月末の株主総会までの日に上場することを「期越え」または「期越え上場」といいます。

　2019年12月末の株主総会までは決算が確定していないので、審査の対象も同年９月期となります。

　しかし、この2019年12月末の株主総会を越えると、審査の対象は翌2020年９月期となり、さまざまな審査に必要な書面なども書き直さなければならなくなります。

　したがって、この「期越え」とよばれる期日までに上場できるか否かが上場時期に大きな影響を及ぼすのです。

(4)　上場審査の延期

　当社の場合、2019年３月末になって、ようやく証券会社の引受部門の大阪の責任者の方が動いてくれて、審査が開始されることになりました。

　４月はじめに第１回目の質問書が届きました。全部で300問近くあり、すべて１問につき１つの回答書を作成していくことになります。ものすごいボリュームで、これに約２週間という短期間で対応しなければなりません。それでも当時は、質問のボリュームに対しての驚きよりも、ようやく審査が開始さ

れるのかという安堵感のほうが大きかったように思います。

しかし、ここで青天の霹靂というべき出来事が立て続けに起こります。

まず、これまで2年以上にわたり上場に向けて指導を受けてきた証券会社の引受部門のベテラン担当者の退職です。これから初めての審査に入り、最も頼りにしていたこともあり、相当なショックでした。

次に、審査の回答を作成していくなかで発覚した届け出の不備です。労働者派遣法における派遣元責任者の変更の届け出に不備があったことが社内調査で発覚しました。元々、労働者派遣法に対する順守状況に疑問を持たれていたことが審査の遅れた大きな原因の1つであり、これは致命的なミスでした。

さらに、審査を進めるために尽力していただいた証券会社の引受部門の大阪の責任者も先のベテラン担当者に続き、退職されることになりました。この知らせを聞いたとき、私の心のなかで何かがポキンと折れる音が聞こえました。

残念ながら、この状況で予定どおりに審査を進めることはできません。証券会社に相談し、上場審査の延期をこちらから申し入れることになりました。

その日の夜、経営幹部の皆さんに集まってもらい、上場審査の延期を伝えました。久しぶりに人前で泣きました。隣の席にいた上場準備の責任者である常務取締役（当時）の管理本部長が本当に悔しそうな顔で目に涙を浮かべていたからです。その姿を見た瞬間、感情が抑えられなくなりました。

管理本部長を筆頭に、経営幹部の皆さんはこの2年間とてつもない苦労をして上場準備を進めてきました。2019年の上場を目指して数多くの困難を乗り越えてきた、いわば戦友たちです。その経営幹部の皆さんの努力する姿が脳裏に浮かび、涙が止まらなくなりました。

管理本部長は、普段から非常に論理的で冷静な立ち振る舞いをしている人物です。彼の涙は集まった経営幹部の皆さんの心に残っていることでしょう。

私はこの悔しさをバネに、必ず次の機会を掴み取り、上場を実現することを改めて心に誓いました。

150

⑸　主幹事証券会社の変更

　2019年5月、「平成」が終わり、元号が改められて、「令和」という新たな時代が始まりました。時を同じくして、当社も主幹事証券会社を変更し、新たな体制で改めて上場準備を始めることになりました。

　主幹事証券会社を変更するのは、とても大きな決断です。上場審査において不利になることはあっても有利になることはありません。少なくとも1年間の指導を受けてからの審査となるため、上場までの期間を考えると2年近く延びることになります。

　それだけのデメリットがあったとしても、心機一転、すべてを変えて新たな体制で上場準備を始めたかったのです。一度折れてしまった気持ちを再び奮い立たせるためにも…。

　幸いなことに、さきに主幹事証券会社の選定を行なう際に最後まで悩んだ、もう1社の証券会社の方がセカンドオピニオンとして継続的に来社してくれていました。そして、当時の懸念事項（選択理由）であった関西地域に引受部門がないという問題も解消されていました。さらに上層部の方々とも直接面談させてもらう機会も得られました。

　それらの状況をふまえて、取締役会でも十分に審議を尽くしたうえで主幹事証券会社を変更しました。

⑹　コンプライアンスの強化

　次こそは絶対に失敗は許されません。

　そこで徹底的にコンプライアンスの強化を図ることにしました。

　具体的には、顧問弁護士の先生に**法務デューデリジェンス**（法的なリスクの調査）を行なってもらい、次に上場支援の経験豊富なIPOコンサルタントと契約しました。そして、経済産業省出身で上場会社の副社長も経験してこられた方と弁護士の先生に社外取締役に就任していただき、さらに社内にコンプライアンス推進室を新設して経営幹部をその責任者（室長）に任命しました。

　そこから1年間、多くの費用と工数をかけて徹底的にコンプライアンスを強化しました。上場審査の延期という悔しい想いを胸に抱き、コンプライアンス

推進室長を中心に経営幹部の皆さんもよく我慢し、コンプライアンスの強化に協力してくれました。

この１年間の努力が、その後の上場審査において、とてもとても大きなプラスになったのは間違いありません。まさに私の目指していた正々堂々と上場できる体制が出来上がったのです。

いよいよ再び上場審査が始まる予定の2020年になりました。毎年恒例の住吉大社での初詣に参拝し、祈祷を受けてという、いつもどおりの新年の始まりでした。世の中は東京オリンピックの開催に向けて明るい年明けであったと思います。当社の業績も順調に推移しており、何ひとつ不安なく上場審査を迎えられると思っていました。

⑺　新型コロナウイルス感染症の世界的大流行

しかし、その数か月後、世界中が未曽有の危機に陥るのでした。目に見えない小さなたった１つのウイルスによって…。

2020年１月はじめに中国での新型コロナウイルスの存在が報道され、その下旬には日本でも初めての感染が確認されました。２月下旬からは学校が休みとなり、３月には東京オリンピック・パラリンピックが延期となり、４月には緊急事態宣言が発令されました。

まさに、あっという間に世界のすべてが変わりました。目に見えないからこその恐怖が全世界を変えてしまったのです。

当社でも在宅ワークを取り入れるなどの対応に追われました。万が一に備え、メインバンクと交渉し、１億円の借入枠を確保してもらうなど先行きの不安に備えました。これまで個人では使ったこともなかったオンライン会議ツールを使いこなす苦労や、職場でもマスクを着け続けるなどの不便なことが増えました。

そして、何より、会いたいと思う人に自由に会えないというストレスがありました。

しかし、リーマン・ショックからの世界不況を乗り越えてきた当社は強くなっていました。

　在宅ワークが続いても、マスクを着け続けても、新規の営業が難しくなって
も上場準備を止めることなく、2020年7月頃には再び業績も新型コロナ前の成
長軌道に近いところまで戻すことができていました。

　これはひとえに経営幹部の皆さんの的確な判断と迅速な実行力の賜物でした。

　在宅ワークになっても日々の業務を円滑に進めるマネジメント力、そして対
面での営業やセミナーなどが中止になっても早期のオンライン化を実現する実
行力。本当にたくましい経営幹部に恵まれたと感じました。

(8)　再びの上場審査

　そして、当初の予定どおり、8月はじめに上場審査がスタートすることにな
りました。

　まず、第1回目の質問書が届きました。前回と同様、全部で300問近くあり、
1問につき1つの回答書を作成していきます。しかもこれに約2週間という短
期間で対応しなければなりません。

　しかし、前回の経験もあり、事前準備も行なってきたので、作成の苦労は
あったものの回答期限の前日に提出できるようになっていました。

　審査部門の方との最初の面談審査も順調に進み、第一印象はとても良かった
と思います。これが功を奏し、その後の第2回、第3回の審査の回答および面
談もスムーズに乗り越えていくことができました。

　上場準備責任者の常務取締役、管理本部の皆さん、各部門の責任者が力を合
わせて対応してくれた、チームワークの勝利です。

　証券会社の中間審査は無事完了し、本審査への積み残しもほとんどなく素晴
らしい結果となりました。これで上場への大きな道が開けました。

　あとは上場時期の問題です。

　新型コロナの影響を受け、業績が半年くらい遅れた状況で推移していました。
しかし、当社としては主幹事証券会社変更の際に予定していた2021年の夏、つ
まり、延期となった東京オリンピック・パラリンピック開催までの上場を目指
していました。

ここで、また１つの壁が現れました。

　上場の時期について、2021年９月期の結果を見て、同年10月以降の「期越え」上場を目指すべきであるという慎重な意見が証券会社からあがっていたのです。

　そこで、従来よりも早くアナリストといわれる株価を決定する部門の方々に当社の事業を説明し、上場時の想定株価を算出してもらうことになりました。

　この想定株価が高い評価であれば、多少、利益が少なくても上場に必要な形式基準を満たせるからです。

　急遽、成長可能性を説明できる資料を作成し、証券会社の東京本社まで出向いて当社の事業を説明しました。その結果の連絡は2020年12月29日という年末の最終営業日にもらえることになりました。

　同日の朝、当社の想定株価がメールで届きました。結果は期待以上のものでした。特に、当社が創業時から続けてきたIT営業アウトソーシング事業についても高い評価を受けることができたことが高い想定株価となった理由でした。

　これは本当に嬉しかったです。創業から苦労して培ってきた事業が高く評価された。そのおかげで、とても明るい気持ちで年末年始の短い休みを過ごせました。

　年が明けて2021年となり、世界中が新型コロナの影響を受けて、従来とはまったく異なる雰囲気の正月でした。感染防止を徹底しながら、住吉大社への年始の参拝にも墓参りにも行き、なるべく従来どおりに過ごすよう努めました。

　そして、仕事始めの１月４日、証券会社から電話で連絡が来ました。

　「御社の希望どおりのスケジュールで2021年の夏の上場を目指して審査を進めていきましょう。」

　前年10月からの第１四半期の数値結果が非常に良かったことも功を奏して、いよいよ本審査に進むことになりました。思わず小さくガッツポーズをしました。

　「よしっ！　これでいける」。心の中でそう呟きながら。

　その後の証券会社からの本審査は非常にスムーズに進んでいきました。この

頃、上場審査に関与しているメンバーと「すーっと進んでいくね」という会話を何度か交わした記憶があります。

　しかしながら、まだ審査が残っているうちに、株式分割や譲渡制限の解除など登記が必要なことを進めていかなければならず、私はちょっとした違和感を持っていました。

　なぜなら、第4回、第5回の質問の回答やヒアリングと本審査の対応をしながらも、一方でスケジュールどおりに上場が進むという前提であらかじめ必要な登記の手続きなどを進めていくからです。

　本審査が問題なく進むという、ある一定の確信があるからこそ、証券会社もそのように進めてくれているのですが、スケジュールどおりに進むのかという不安を常に心のどこかに持っていたことを覚えています。

　私のそのような不安をよそに本審査は着実に進み、取引先のヒアリングや社外役員の面談も問題なく完了し、いよいよ本審査の最終となる社長面談の段階を迎えました。当時は再び新型コロナの影響で緊急事態宣言が出ていたこともあり、オンラインでの面談となりましたが、審査部長と担当者の方を交えての面談です。

　万が一のことがないように、1つずつ言葉を選びながら慎重のうえにも慎重に回答していき、無事に社長面談が終了し、これで証券会社による引受審査は完了となりました。

　この本審査の過程で印象に残っていることの1つに、当社の社外役員の皆さんの協力的で前向きな姿勢があります。これは本当に心強かったです。

　当時、当社は4人の社外役員の方々に就任してもらっていました。

　監査役には2人の公認会計士の先生に長らくお世話になっていました。2人とも他の上場企業の役員に就任されており、そのアドバイスはとても参考になりました。

　さらに社外取締役として、経済産業省出身で上場会社の副社長も経験してこられた方と弁護士の先生にも就任してもらいました。これで役員8人のうち、実に半数の4人が社外役員となり、かつ、さまざまな専門性と豊富な経験を持

つ方々に就任してもらえたことで、とても強固なガバナンスを構築できました。

　一方で、これだけの社外役員の方々に就任してもらうと上場審査における対応などに協力してもらうことが難しくなるとか、そもそも取締役会の運営が円滑に進まないとかの懸念が生じるものですが、当社においてはそのような問題が生じることは一切ありませんでした。

　むしろ、上場審査においても迅速に熱意をもって対応していただき、その協力的で前向きな姿勢をとても心強く感じていました。

　改めて振り返ると、このように素晴らしい社外役員の方々に就任してもらえたことが当社の上場を実現するための大きな要因であったと思います。本当に心から感謝しています。

⑼　最後の関門

　いよいよ最後の関門である**東京証券取引所の審査**です。

　2021年3月末に東京証券取引所に上場申請のエントリーを行ないました。このエントリーの日はとても緊張したことをよく覚えています。

　朝早くの新幹線で東京に行き、東京証券取引所の審査部門のフロアに初めて入りました。

　3人の審査官を前に、20分程度で当社の事業を説明して、その後は質問に答えていきます。実質的な東京証券取引所の審査スタートです。

　そして、この**第一印象がとても大事**だと事前に証券会社からアドバイスを受けていたこともあり、数日前からピリピリしてあまり眠れないほどに緊張していました。

　マスクを着けたままハッキリと伝わるように大きな声を出そうとして酸素不足のようになり、若干意識が朦朧としながらも、何とか最後までしっかりと質問に対しても回答できたと思います。

　そこからは4月、5月の2か月という短期間での東京証券取引所による審査が進んでいきました。

　証券会社による引受審査で訓練を積んでいるとはいえ、短期間での審査であり、質問に対しての回答書の作成は時間的な余裕はまったくない状態でした。

さらに、そこに目論見書などの上場の際に必要な開示資料の作成もあり、上場準備に関与しているメンバーたちの疲労はピークに達していました。

しかも、新型コロナの変異株の広がりによって、4月末から第3回目の緊急事態宣言が発出されるなど再び在宅ワークにせざるを得ない状況も重なり、自らの無力さに苛（さいな）まれる日々が続きました。

個人的にも我慢に我慢を重ねるつらい日々が続く厳しい状況のなかで、常務取締役の管理本部長をはじめとした上場準備に関与しているメンバーたちの弛（たゆ）まぬ努力の結果、無事、6月はじめに上場承認を受けることができました。

この東京証券取引所による審査を通過できたのは、間違いなく常務取締役の管理本部長のおかげです。心から感謝したいと思います。そして、上場承認を受けてからの1か月、何事も起きませんようにと祈る日々が続きました。神社を参拝し、墓参りに行き、神様とご先祖様にお願いしました。

このような日々を乗り越えて、ようやく2021年7月6日、東京証券取引所の鐘を鳴らすことができました。新型コロナの影響で大規模なセレモニーはできませんでしたが、苦労をともにしてきた仲間と東京証券取引所の鐘を鳴らすことができたことは、私の生涯における最も大きなセレモニーでした。

2002年3月に独立したときに宣言した夢が20年近い月日を経て、ようやく実現できた瞬間です。経営者としての人生のひとつの区切りでもありました。

なぜ当社が上場を実現できたのか？
それは、**「決してあきらめない」**の一言に尽きます。
まず「上場する」ということを宣言する。そして、それを実現できるまで毎日言い続ける。それだけです。

私はそれを20年近く続けました。皆さんも困難なことがあっても、あきらめることなく前に進み続けてもらいたいと思います。そして、皆さんの人生の夢が叶うことを心から願っております。

次項以降、当社の創業からのステージに沿って、最初のハードルである「資金調達」の手法ごとに要点を解説するとともに、事業計画を達成するための資

本政策について述べていきます。

■最初のハードル「資金調達」

　第３章で述べたように、当社の成長の歴史は資金調達の歴史ともいえます。そして、資金調達には主に３つの種類（融資・投資・補助金）があり、その主たる違いは、資金を提供してくれる機関や団体が異なることについても触れました。

　この資金を提供してくれる機関や団体の違いを理解することが、資金調達を成功させるために重要となります。

　まず、融資を受けるには、銀行や信用金庫などの金融機関の立場になって考えることが必要です。

　金融機関は企業にお金を貸して、その金利で収益を得ています。つまり、企業側としては、借りたお金を月々返済できること、金利を払うことができることが大切なのです。

　例えば、返済期間５年で1,200万円の融資を受けたいと思うならば、５年間つぶれることなく、毎月、元金20万円（20万円×12か月×５年）と金利を支払い続けることができることを証明しなければなりません。

　したがって、成長性よりも継続して安定的な利益を上げることができるということのほうが重要なのです。

　次に、投資を受けるためには、ベンチャーキャピタルや個人投資家などの投資家（法人含む）の立場になって考えなければなりません。

　投資家は、企業にお金を出資して株式を買い、その株式を売却して得たキャピタルゲインが収益となります。つまり、購入した株式が売却できるように企業が上場するか、他の企業に売却（M&A）できるように成長することが大切なのです。

　例えば、1,200万円の出資を受けたいと思うならば、５年後には上場して、

現在の10倍を超える株価となることを証明しなければなりません（年数や株価はあくまでも一例です）。

　したがって、**安定的な利益よりも成長性が重要**になります。

　最後に、補助金を受給するためには、国や地方自治体などの公的な機関の立場になって考えなければなりません。

　国や地方自治体は、政策を推し進めるために、その政策目的に合致した事業を行なう企業を支援する目的で補助金を支給します。そのため、企業としては、国や地方自治体が実施したいと考えている事業を確実に遂行できることが大切なのです。

　したがって、**政策を理解した事業計画を策定できること、また、その計画を実行できる経営資源（ヒト・モノ・カネ）を有していること**が重要なのです。

　ここで留意すべき点は、ほとんどの場合、**補助金は後払い**だということです。つまり、1,000万円の補助金を受ける事業を実行するためには、1,000万円を立て替えておける資金力が必要なのです。もちろん、そのために一時的に借入れをすることも考えられますが、それは補助金の審査の際に不利となることは明らかです。

　このように、資金を提供してくれる機関や団体の立場になって考え、それぞれが求めていることを満たすことで資金調達を成功させることができるのです。そう考えると、資金調達と営業活動は非常に似ていることがわかります。

　営業活動は、お客様が求めている商品やサービスを提供することで、お金がもらえます。資金調達も同じで、資金を提供してくれる機関や団体の求めている事業を実施することで、お金がもらえるのです。

　資金調達についての留意点は次のとおりです。

　あくまでも**資金調達は、実現したい事業を行なうために必要なお金を調達するのであって、資金調達するために事業を行なうのではない**ということです。

　私は、多くの経営者の方から資金調達について相談を受けることがあります。その際、「ベンチャーキャピタルから出資を受けるために、このような事業も

やっておいたほうがいいですか？」とか、「○○補助金を受けるためには、このような事業をやっておいたほうがいいでしょうか？」といった質問を受けることがあります。

　もちろん、ベンチャーキャピタルから出資を受けることも補助金を受給することも大切なので、そのこと自体を否定することはありません。しかし、本業とまったく関係ない事業を、ベンチャーキャピタルから出資を受けるためや補助金を受けるために行なうということであれば、明確に反対します。

　資金調達を目的に事業を始めても長続きしないことが多いからです。

■融資と投資を知る

　ここでは補足をかねて、融資と投資の違いについて述べていきます。

　融資は「間接金融」ともいわれ、銀行などの金融機関がお金を融通すること、つまり、企業が金融機関からお金を借りることです。融資を受けると返済の義務が発生しますので、企業は、借りたお金を一定期間で返済するとともに、金利を支払います。

　一方、投資は「直接金融」ともいわれており、将来的な利益を見込んで資金を提供すること、つまり、ベンチャーキャピタルなどの投資家に自社の株式を売却することによって、お金を出してもらうことです。融資とは異なり、返済の義務はありません。将来株価が向上することで、企業は投資家に株式を市場で売却してキャピタルゲインを得てもらうことができます。また、企業は利益の一部を配当として投資家に支払います。

　もし、あなたが中小企業の経営者ならば、おそらく銀行などの金融機関から融資を受けた経験があるのではないかと思います。当然のことですが、金融機関から融資を受ける際にも審査があります。

　同じように、ベンチャーキャピタルから投資を受けるときの審査も似たようなものではないかと思っている人も多いのではないでしょうか。しかし、それは大きな間違いです。

　銀行などの金融機関からの融資とベンチャーキャピタルからの投資では、審査の視点がまったく違うのです。

　融資では、企業がきちんとお金を返してくれるのか、また、金利を支払うことができるのかが重要な審査ポイントになります。前述したように、成長性よりも継続して安定的な利益を上げることができることが重要です。

　それと比較して、投資におけるベンチャーキャピタルの審査では、株価の向上が重要なポイントになります。安定的な利益よりも成長性が重要というわけです。

　この違いを理解して、プレゼンテーションができなければ、融資（間接金融）と投資（直接金融）のどちらも成功させることは難しくなるのです。

　では、融資を受けることは、投資を受けるうえで役に立たないのかというと、決してそうではありません。自社の特徴や事業の魅力を伝えるという意味では共通点があります。

　当社でも、融資を受けるために作成した資料や審査時のプレゼンテーションで指摘されたことが、その後の投資の審査で非常に役に立ちました。

　さらに、ベンチャーキャピタルには銀行系のベンチャーキャピタルも多く存在し、そこで働いている方々には銀行から出向されている人も多くいます。そういう意味でも、融資を受けることが投資につながるケースが多くあるといえます。

　逆に、厳しいことをいうようですが、個人的には、融資すら受けることのできない企業は、投資を受けるべきではないと思っています。

　融資（間接金融）と投資（直接金融）のバランスも企業経営にとって非常に重要です。資金調達の選択肢は多いほうがよいと思いますし、ベンチャー支援のための融資制度もたくさんあります。融資について積極的に活用してみてはいかがでしょうか。

■補助金と助成金を知る

ところで、皆さんは補助金と助成金の違いについて考えてみたことがあるでしょうか。いろいろと調べてみると、両者に明確な区別があるわけではなく、お金を支給する側によって呼び方が異なっていることがわかります。

例えば、経済産業省は、研究開発などの公益な事業のために支給するお金を「補助金」とよび、厚生労働省は、人材の採用や教育などの雇用の安定のために支給するお金を「助成金」と呼んでいます。

なお、地方自治体や行政の外郭団体では明確な区別がない場合もあります。

ここで理解しておきたいのは、経済産業省の補助金は、公募に申請して採択されることが最初の条件となります。つまり、限られた予算と交付件数を公募に沿った企画などの競争で勝ち取ることが求められます。

一方、厚生労働省の助成金は、要件を満たすことができれば受給されるもので、競争ではありません。もちろん助成金の予算にも限りがあるので先着順などで締め切られることはあります。

当社もこれまでさまざまな助成金や補助金を活用させていただきました。そのうちの一部を抜粋すれば、次のとおりです。

年	種　別	受給先	金　額
2005	助成金（ビジネス）	公益財団法人大阪市都市型産業振興センター	100万円
2005	補助金（製品開発）	独立行政法人中小企業基盤整備機構	500万円
2013	助成金（人材育成）	厚生労働省	30万円
2013	補助金（公募委託）	経済産業省	1,800万円

2005年に大阪市の外郭団体である公益財団法人大阪市都市型産業振興センター（現在の大阪産業局）が運営する大阪産業創造館（サンソウカン）にて開催されたビジネスプランコンテストで最優秀賞を獲得し、初めて助成金（100

万円）を受けることができました。

　このときに評価を受けた事業が、その後の当社の成長を牽引する IT 営業アウトソーシング事業です。また、このコンテストでアドバイザーを務めた方々に事業計画をブラッシュアップしていただいたこともその後の事業展開に大いに役立ちました。

　次に、同じく2005年に新製品開発のための補助金として、独立行政法人中小企業基盤整備機構から500万円を受給し、初めての自社製品を完成させることができました。

　この補助金の獲得には金額以上の大きな意味がありました。

　当時、当社で導入していたバランス・スコアカード（BSC）という経営手法をさまざまな中小企業でも導入しやすくなるように、その策定過程をソフトウェアとして開発・販売するという新規事業を検討していました。

　これはそれまでの事業とはまったく異なる新規事業であり、その成否について客観的な判断を受けたいと思い、企画を検討したうえで最終のソフトウェア開発を外部に発注する直前でいったん止めておき、新規事業開発の公募に挑戦したのです。

　最初は、公募にエントリーしても書類選考の段階ではねられてばかりで、何度も何度もエントリーするものの落選が続きました。それでもあきらめず、落選のたびに企画書をブラッシュアップし、10回目の挑戦でようやく採択されました。これでようやく自信をもってソフトウェア開発に着手することができました。

　ちなみに、このバランス・スコアカード（BSC）の策定支援ソフトは『戦略創造』という商品名で販売され、累計1,000本近くも売れたヒット商品となりました。

　その後、リーマン・ショックからの世界不況の影響を受け、当社の業績も大幅に悪化しましたが、その際には、厚生労働省の雇用調整助成金などにずいぶんと助けていただきました。

さらに、2013年には、経済産業省の「多様な「人活」支援サービス創出事業」（公募）に採択され、1,800万円という大きな金額の補助金を受けて事業を行なうことができました。

　このときも介護レクリエーションを学ぶための資格制度を構築するという新規事業を検討しており、その成否について客観的な判断を受けたかったのです。そして、本事業の結果を受けて実際に「レクリエーション介護士」という資格制度を構築しました。おかげさまでこれまでに3万人を超える有資格者を生み出す人気の資格となりました。

　こうして振り返ると、当社で実施した事業のうち、成功した事業は何らかの助成金や補助金の採択を受けていることがわかります。つまり、第三者の客観的な視点において高い評価を受けている事業といえます。

　これが私が新規事業を始める前に、ビジネスプランコンテストや補助金の公募などにエントリーする理由です。

　もちろん、採択されてお金をもらえることは素直に嬉しいです。しかし、それよりも第三者の客観的な視点において高い評価を受けて、自信をもって事業をスタートできることが私にとっては大切なのです。

　ここで、ビジネスプランコンテストや補助金の公募などにエントリーする際に留意してほしいことがあります。

　資金調達の場合と同じですが、**事業を実現するために助成金や補助金を獲得するのであり、助成金や補助金を獲得するために事業を行なうのではない**ということです。

　多くの経営者の方からビジネスプランコンテストや補助金の公募について相談を受けていると、「このビジネスプランコンテストで入賞するために、もっと売上計画を上積みしたほうがいいですか？」とか「このような事業を実施すれば、この補助金を獲得することができますか？」といった質問をされることがあります。これは本末転倒です。

　ビジネスプランコンテストで入賞するために無理に売上計画を上積みしても誰も幸せになりません。審査員を欺き、過大な評価を受けても、結果として数

年後に信用を無くすことになります。

　また、補助金に頼って事業を行なっても、その補助金が途切れたときに事業の継続自体が難しくなります。

　冷静に考えればすぐに答えは出るはずです。ビジネスプランコンテストに入賞するため、補助金を獲得するために事業を行なっているわけではないということを。

　そうではなく、**自らの事業を成長させるためにビジネスプランコンテストや補助金を活用**するのです。

　このことにくれぐれも留意したうえで、第三者の客観的な視点で自らの事業をチェックしてもらい、計画をブラッシュアップしていくためにも、積極的にビジネスプランコンテストや補助金の公募などにエントリーしていってほしいと思います。

■ベンチャーキャピタルを知る

　ベンチャーキャピタルは、上場を目指す企業に投資を行ない、投資先の企業が上場したときにその株式を売却して利益を得る民間企業です。

　企業から見て、ベンチャーキャピタルとは一体どのような存在なのか。その本質を理解することが投資を受けるための最初の第一歩です。

　私にとって、**投資を受ける前の心境を一言でいうと、「怖い」**という感情でした。

　何が怖かったのか。それは、ベンチャーキャピタルという存在が何なのかわからないという漠然とした不安だったと思います。

　今でこそベンチャーキャピタルからの投資件数は増加しており、情報も身近になっていますが、当社が初めて投資を受けた2005年当時は、まだまだベンチャーキャピタルから投資を受けた企業も少なく、情報も乏しい状況でした。

　そのようななかで私が抱いていたイメージは、当時流行っていた「ハゲタカファンド」であり、企業の債権や株式を買い漁って莫大な利益を得る集団と

いった勝手な先入観を持っていました。

　まず、「ベンチャーキャピタルとは、営利目的をもった民間企業である」ことを認識する必要があります。

　例えるならば、1個80円の原価のリンゴを仕入れ、100円の売価を付けて売ると20円儲かります。同じように80万円で株を購入して100万円で売却すれば、20万円儲かります。

　このように非常にシンプルに考えることができます。

　すなわち、ベンチャーキャピタルが仕入れるものは未上場企業の株式であり、売却は、当該企業が上場したときに市場で売るのか、他の企業にM&Aなどを通じて売ることになります。この未上場企業の株式であるという点が大きな特徴です。

　企業が創業してから上場するまでの、どのタイミングで投資をするのかということがベンチャーキャピタルでは重要になります。

　再び、リンゴの例で、⑴種、⑵苗木、⑶実がつき始めた木、の3つの段階で買うケースを考えてみましょう。

⑴　リンゴの種を1粒100円で買う

　水を与え、肥料をやり、何年か経つとリンゴの木が育ちやがて実をつけます。仮に1個100円で売れるリンゴが50個なるとすれば、100円×50個＝5,000円なので、5,000円－100円＝4,900円儲かることになります（ここでは人件費や肥料代などのコストは無視します）。

　しかし、実がなる木に成長する種は100個に1個くらいしかありません。

⑵　苗木を1本1,000円で買う

　同じように、水を与え、肥料をやり、何年か経つと実をつけます。1個100円で売れるリンゴが50個なると、5,000円－1,000円＝4,000円儲かることになります。

　しかし、実がなる木に成長する苗木は10本に1本ぐらいしかありません。

(3)　実がつき始めた木を4,500円で買う

同じように、１個100円で売れるリンゴが50個なると、5,000円－4,500円＝500円儲かることになります。

しかし、時々、実が不味くてまったく売れないこともあります。

さて、皆さんは、(1)種、(2)苗木、(3)実がつき始めた木、のどのタイミングで購入しますか？

この３つのケースを未上場企業の株式に置き換えると、ベンチャーキャピタルの本質が見えてきます。

もちろん、早い段階で投資をしたほうが儲かります。しかし、リスクは大きくなるし、回収できるまでの期間も長くなる可能性があります。

ちなみに、ベンチャーキャピタルの方々は、我々ベンチャー企業のステージを、「シード」、「アーリー」、「ミドル」、「レイター」と分類します。このシード（seed：タネ）という呼び名からもリンゴの例えが想起されます。

また、種を植えてほったらかしているよりも、水をやったり、肥料をあげたり、ときには農業の専門家に見てもらったりするほうがきちんと育つ可能性が高くなります。

同じように、ベンチャーキャピタルも、ベンチャー企業に投資をして後はほったらかすのではなく、その企業の支援をしていくことで上場に向けて育てていくということになります。

【なぜ投資を受けるのか】

続いて、「なぜベンチャー企業は投資を受けるのか？」という観点からベンチャーキャピタルへの理解を深めていきたいと思います。

「お金が必要だから。」

これは、もちろんそのとおりです。

しかし、「投資」でなければならないのでしょうか。

そもそも投資を受けるということは、投資をした第三者が株主になるという

ことです。「会社は誰のものか？」という議論はさておき、会社の一部は株主のものであるという表現であれば、誰からも異論は出ないでしょう。したがって、投資を受けるということは、「会社の一部を売る」と言い換えても過言ではありません。

　では、なぜ経営者は、とても大切な会社の一部を売ってまで投資を受けるのかを考えていきます。

　まず、少しずつでも毎年確実に成長していくことができるのならば、どこからもお金を調達する必要はありません。売上をあげて、利益を出して、税金を払う。残った手元のお金で設備投資をして、また売上をあげて、利益を出す。このサイクルで少しずつ成長していけばよいのです。

　しかし、現実にはそう簡単には進みません。

　事業がうまくいかなくても、また順調に行き過ぎてもお金は必要になります。前者についてはわかりやすいでしょう。売上があがらないのに費用はかかるのでお金がなくなっていくのです。

　しかし、事業が順調に行き過ぎてもお金は必要になります。それは、売上が急に増えると、それに対応するためのお金が必要になるからです。

　先ほどに続き、リンゴの例で考えてみます。

　あなたは今、手元に80円持っています。1個80円でリンゴを仕入れてきて100円で売れたので20円儲かりました。次のお客様からは、リンゴが2つ欲しいと言われました。しかし、あなたには2つのリンゴを売ることはできません。

　なぜなら、あなたの手元には1個の売上の100円しかないので、2個のリンゴを仕入れるにはお金（80円×2個＝160円）が足りないということです。

　では、リンゴを2つ売るためには、どうすればよいでしょうか。

　主に3つの手段があります。

①　1個ずつリンゴを売っていき、160円まで貯めてから2個仕入れる。

②　お客様から先にお金をもらって2個仕入れて販売する。または、先に2個仕入れ、仕入代金は後で支払う。

③　仕入のためのお金を調達してくる。

①では時間がかかりすぎます。②の交渉にはお客様も仕入先も応じてくれないことが考えられます。そんなときに③のお金を調達してくるという手段が有効になるのです。

これらの必要なお金を調達するために、まず考えられるのは、銀行や信用金庫などの金融機関からの融資（借入れ）です。

銀行や信用金庫などは、過去の取引実績や保有している資産などをもとに融資できる金額を算定することが多いです。つまり、売上がほとんどあがっていないベンチャー企業が多額の融資を受けることは非常に困難だということです。創業間もないベンチャー企業が受けられる融資の金額は、多くても数千万円でしょう。

さらに、融資の場合、借りたお金は利息とともに毎月返済していくことになります。

したがって、借りたお金を全額使うことには問題があります。実際に使えるお金は数百万円程度になると思われます。

■ベンチャーキャピタルからの投資

その融資を受けられる金額の範囲を超えて、事業を成長させていきたいとき、ベンチャーキャピタルからの投資が必要となります。

具体的な金額でいえば、1億円を超える調達のときにはベンチャーキャピタルからの投資も検討することになるでしょう（なお、近年ではスタートアップの段階において数百万円からの投資も増加しています）。

しかも投資は融資と異なり、月々返済していく必要もないし、利息もありません。さらに、ベンチャーキャピタルからの投資を受けることで資本金も増え、第三者の株主が入ることで企業の信用力も高まります。新規取引における先方からの信用調査に頭を悩ませる回数も減るというものです。

このように考えると、投資は良いことばかりのように思えますが、投資を受けるためには条件があります。

それは、**投資を受けてから一定期間後に、上場（IPO）、他社への売却、経営陣で買い戻すなどの方法で株式の現金化が可能であること**です。

なぜなら、ベンチャーキャピタルからの投資の多くは「ファンド出資」と呼ばれるものだからです。

ファンドとは、一般に「投資のために集めた資金」や「運用を目的とする一定規模以上の資金」を意味します。

ベンチャーキャピタルは、複数の出資者からお金（ファンド）を募り、それをベンチャー企業に投資します。ファンドには期限が設けられていて（主に10年程度の期間が多い）、ベンチャーキャピタルは出資者と組合契約を締結し、契約期間内に投資した資金を回収しなければなりません。

したがって、ベンチャー企業には、出資を受けてから10年以内での出口（イグジット）が求められます。出口（イグジット）とは、上場、他社への売却、経営陣で買い戻すなどの手段で株式を現金化することです。

ベンチャーキャピタルから投資を受けるときには、必ず、この出口（イグジット）に向けた目標を明確にしておかなければなりません。逆にいうと、**出口（イグジット）が描けない企業は投資を受けることができない、いや、受けるべきではない**というべきでしょう。

私はこれまで、出口（イグジット）ができずにファンドの期限を迎えてしまい苦労してきた企業を数多く見てきました。

当社も、最初に受けた投資は我々経営陣で買い戻すことになり、非常に苦労をした苦い思い出があります。

したがって、ベンチャーキャピタルから投資を受ける場合は、「会社の一部を売る」という覚悟をもって臨まなければなりません。

また、投資を受けた時点でベンチャーキャピタルは株主となり、株主総会にも出席できる権利を持つと同時に、投資をする際の契約内容に応じて、企業の経営に意見する権利を持ちます。そして、必ずしもお金の使い方について経営者と同じ意見ではないこともあります。

　これらを真剣に考えたうえで、それでも企業を成長させていきたいという覚悟ができたときに、経営者はベンチャーキャピタルからの投資を受けるべきなのです。

【投資を受けると何が変わるのか】

　最後に、「投資を受けると何が変わるのか？」を理解することで、ベンチャーキャピタルに対する漠然とした恐怖を払拭しておきたいと思います。

　当社では、ベンチャーキャピタルから投資を受けることで、大きく次の3つのメリットがありました。

(1)　お金が増える

(2)　信用力が増す

(3)　人脈が増える

(1)　お金が増える

　まず、投資を受けた金額分、会社にお金が増えます。さらに資本金が増えることで財務体質が良くなり、銀行からの融資なども受けやすくなります。少なくとも明日の資金に困るようなことはなくなるでしょう。

(2)　信用力が増す

　外部の株主が入ることで、取引先や金融機関からの信用力が増します。

　特に大手企業関連のベンチャーキャピタルから出資を受けることができると、その大手企業の信用力が自社の信用力を補完してくれます。それにより、今まで取引できなかったような大手企業や銀行とも取引できるようになります。

(3)　人脈が広がる

　投資を受けると、上場するために必要な証券会社や監査法人などとの出会いの機会が増えます。さらにベンチャーキャピタルから出資先を紹介してもらえることも多くあります。しかも出資先は投資のために十分な審査を行ない事業内容も熟知しているため、紹介先と商売につながる確率は高いといえます。

【投資を受けるメリット・デメリット】

　続いて、投資を受けることのデメリットについても考えてみます。

　正直、当社では創業時から公私の区別をしっかり行なってきたので、あまりデメリットを感じることはありませんでした。

　会社の経費で買った車をプライベートでも使う、個人的な会食を会社の経費にする、節税対策のために役員報酬を上げるというような公私混同はできません。これらは投資を受ける以前の問題で、すべて当たり前のことです。

　会社は社長の私有物ではありません。汗水流して働いている従業員のことを考えると、投資を受けていなくても公私混同はすべきではありません。

　そもそも公私混同をしたいと考える社長は、ベンチャーキャピタルからの出資を受けるべきではないし、その資格もありません。

　また、ベンチャーキャピタルの担当者が取締役会などに出席することに抵抗を感じる社長もいます。しかし、当社では積極的に出席してもらっています。なぜなら、多数のベンチャー企業に関わっている経験豊富な担当者に客観的なアドバイスをもらえるうえに、必要に応じて取引先も紹介してもらえたりするからです。

　したがって、当社の経験上、ベンチャーキャピタルからの投資を受けるメリットは多く、デメリットは少ないといえます。

　ただ、繰り返しますが、投資を受けるときに約束した期限内に、上場、他社への売却、経営陣で買い戻すなどの手段で現金化（出口＝イグジット）しなければならないことを忘れてはなりません。共通の目的をもった心強いパートナーにも期限はあるのです。

　最後に、ベンチャーキャピタルと良い関係を保つための秘訣をお伝えします。
　それは、たった１つ、「良いことも悪いことも正直に全部話す」こと。
　ただこれだけです。

　経営が順調なときに報告するのは簡単です。大事なことは、悪いときにも報告できるかどうかです。都合が悪い情報は話しづらいものです。しかし、隠し

ていてもいつか必ず見つかります。

　当社では、悪いことこそなるべく早く、かつ、正確に報告し、相談することを心がけてきました。それが信頼につながり、今の当社があると信じています。

■資本政策を学ぶ

　皆さんは**資本政策**という言葉を聞いたことがあるでしょうか？

　私が講演で「当社は資本金1,000万円からスタートして、2005年と2007年に合計1億4,000万円の出資を受けて、資本金1億5,000万円の会社になりました」という話をすると、「そんなにたくさん投資を受けて、会社を乗っ取られたりしないのですか？」という質問を受けることがあります。

　実際には、当社の株式のうち70％近くを経営陣で保有しており、会社が乗っ取られることはあり得ません。

　この意味がわからなければ、資本政策について学んでおいたほうがよいでしょう。

　経営者にとって自社の株式はとても重要であり、失敗すれば取り返しがつかないのが資本政策だからです。

　しかし、未上場企業の資本政策を理解している人は少なく、また、学ぶ機会もあまり多くはありません。

　そこで、三度（みたび）、リンゴの例を使って、"資本政策の基礎の基礎"をなるべく簡単に解説してみます。

①　リンゴの種を植えて一生懸命に育てました。ある年、そのリンゴの木には10個の実がなり、1個100円で佐藤さんに全部売れました。

　　佐藤さん：100円×10個＝1,000円

②　翌年、同じ木にリンゴが10個なりました。前よりも大きな実がなり、鈴木さんに1個200円で全部売れました。

　　鈴木さん：200円×10個＝2,000円

つまり、このリンゴの木は、佐藤さんから1,000円と鈴木さんから2,000円の合計3,000円の価値を生んでいます。

リンゴを買った数は佐藤さんも鈴木さんも同じ10個です。しかし、同じ木から採れた同じ個数のリンゴを手に入れるのに佐藤さんは1,000円、鈴木さんは2,000円かかっています。

これがまさに資本政策なのです。

リンゴの値段を株価、合計金額を資本金として考えるとよいでしょう。

続いて、企業の事例で同じように考えてみます。

⑴　ある社長が株価1万円で1,000株の会社を設立すると、株価1万円×1,000株＝1,000万円の資本金となる。

⑵　さらにベンチャーキャピタルから株価2万円で1,000株の投資を受けると、株価2万円×1,000株＝2,000万円の資本金が増える。

このとき、この会社の資本金は3,000万円で発行株式数は2,000株になります。持株比率は、社長：ベンチャーキャピタル＝1,000株：1,000株で、50％ずつです。

すなわち、同じ会社の株式を社長は1,000万円で、ベンチャーキャピタルは2,000万円で手に入れたことになります。

このようにして、株価を上げてベンチャーキャピタルからの投資を受けることで、社長の持株比率を保ちながら必要な資金を確保することができるのです。

これが資本政策の基礎の基礎です。

【株価はどのように決まるのか】

では、どのようにして株価は決まるのでしょうか？

それは、すでに上場している企業の株価と比較して、自社の株価も決めていくことになります。上場している企業は、利益も株価も公開されています。それと比較して、自社の利益に沿って株価を決めていくのです。

ただし、単純な比較ではなく、未来にどれだけの利益があがるのかという期

待なども考慮されて決まっていきます。また、ベンチャーキャピタルとの交渉によっても株価は変わります。

例えば、同じような業種で、同じ利益をあげていても株価がまったく異なることがあります。同じ品種のリンゴなのに、近所のスーパーで買うのと、高級百貨店で買うのとでまったく値段が異なるように。

これらを理解していくことが資本政策の第一歩であり、最も重要なことです。

一般的に、資本政策は、広い意味では株主の構成を見直したり、資本構成を見直したりする場合に使われます。

例えば、グループ企業の再編や資本提携、相続対策などが考えられます。しかし、最もよく使われるのは、株式公開を準備していく過程で自社の株式を、どのような株価で、誰に発行していくかを検討するときです。

したがって、資本政策は、ベンチャーキャピタルから投資を受けようとするときに初めて接することが多いといえます。

事業計画書を作成するときの売上計画や利益計画および資金繰りは、実際のお金に関する計画なので、比較的わかりやすいといえます。

それに対し、この資本政策は、「株価」という目に見えない指標が関連するため、とても理解しづらいものです。

しかし、資本政策がないと、ベンチャーキャピタルも投資検討を進めることが難しくなります。上場に向けて、資本政策は非常に重要であり、慎重に検討する必要があります。**資本政策を間違えたために上場が困難になることもある**のです。

資本政策はとても奥が深く、上場までの期間だけではなく、上場後のこともふまえて長い目で考える必要があります。

上場を目指す会社にとっての資本政策とは、上場の時期を定めたうえで上場までの新株発行や株式移動などの方法、その実施時期を検討することをいいます。

ただし、大会社の子会社が上場する場合など、資本政策をほとんど計画しな

い企業もあります。

　ということは、資本政策はやはり資金調達および企業提携などの施策の意味合いからの側面が大きいと考えられます。

　ベンチャー企業は企業を成長させていくために資金調達が必要であり、かつ、企業の経営権を確保しておかなければなりません。この両方の側面を考慮して計画化していかなければならず、そこに資本政策の重要性があります。したがって、ある程度の経営権を維持するためにも、資本政策は早い段階から（できれば設立時から）着手しておくことが大切です。

　経営者にとって、資本政策で重要なのは、「株主構成」と「経営者のシェア」です。
　まず、「**資本政策は後戻りできない**」ということを理解しておくことが大切です。あまり検討せずに出資してくれそうなところから資金調達をしてしまうと、後で修正するのが非常に困難となります。
　例えば、いったん下がってしまった経営者の持株比率を後で高めていくのは、多額の追加出資が必要となり非常に困難です。また、数回の増資を経て、いよいよ株式公開というときに株主構成や株主の顔ぶれが思わぬ障害になることがあります。そのため、**上場のときの株主構成を意識しながら増資を行なうこと**が重要です。
　このあたりについては、経験豊富な専門家にアドバイスを求めることをお勧めします。

　また、経営者自身の持株比率をどうするかは、誰もが頭を悩ませる問題です。
　経営者にとって重要なラインとしては、経営権を確保するという意味で株主総会における議決権の３分の２（特別決議）、過半数（普通決議）があります。しかし、ベンチャー企業が増資で資金調達を行なうとすると、過半数を維持することも容易ではありません。
　そこで、経営者にとっては３分の１（特別決議を拒否できる）も１つのラインといえます。

　なお、実際には、経営者の持株比率が低くなっても事実上の経営権を維持している企業は数多く存在します。

　また、念のため追記しておくと、ベンチャーキャピタルはベンチャー企業が上場した後には株式を売却するため、安定株主にはならないことに留意しておくべきです。

　では、資本政策はどのようにして作成するのでしょうか。

　まず、最初の第一歩として、関連する書籍などをしっかりと熟読して、資本政策の意味を理解する必要があります。

　次に、さまざまな専門家に相談するのがよいでしょう。1 社だけではなく、なるべく多くの上場支援機関に相談しましょう。具体的には、証券会社、監査法人、信託銀行、そしてベンチャーキャピタルなどが挙げられます。

　最後に、すべての専門家の意見をふまえて、しっかりと自分自身で考えて資本政策を完成させます。

　なるべく多くの上場支援機関に相談すべきであるという理由は、上場支援機関の立場によって資本政策に関する考え方が異なるからです。

　例えば、証券会社ならば、上場して多くの株式を売買できるような状態にすることで利益を得ることができますし、ベンチャーキャピタルならば、投資をしたときと上場するときの株価の差額で利益を得ることができます。

　上場支援機関は、それぞれの立場で、企業が上場するときに得られるキャピタルゲインの一部から利益を得る企業です。このことを理解したうえで複数の上場支援機関に相談しておかなければ偏った資本政策になり、将来大きな苦労を抱えることになるのです。

■ストックオプションと持株会の考え方

　資本政策について、従業員向けのインセンティブとして導入されることが多いストックオプションと持株会について補足しておきたいと思います。

ストックオプションとは、従業員（および関係者）に対して、あらかじめ定められた価格（権利行使価格）で、会社の株式を取得することのできる権利を付与し、取締役や従業員は将来、株価が上昇した時点で権利行使を行ない、会社の株式を取得し、売却することによって、株価上昇分の報酬が得られるという一種の報酬制度です。

　報酬額が企業の業績向上による株価の上昇と直接連動することから、権利を付与された従業員の株価に対する意識は高まり、業績向上へのインセンティブともなります。

　また、結果として業績向上が株価上昇につながれば、株主にも利益をもたらす制度ともいえます。

　わかりやすく例えると、１株が1,000円のときにストックオプションを付与してもらったとします。そしてその会社が上場して、１株が3,000円になったとします。すると、付与してもらったときの価格である1,000円でその株式を購入することができるので、すぐに売却すると2,000円儲かるという仕組みです（実際には税金などがかかります）。

　ストックオプションは、充分な給与を支給することが困難であるベンチャー企業にとっては、**優秀な人材を確保するための報酬制度の一環としても有効な**のです。

　ただし、ストックオプションは、いくらでも付与できるわけではなく、概ね株式全体の10％以下までが上場までの許容範囲といわれています（上場の際の株価に影響しますが、10％を超えると上場できないという意味ではありません）。

　また、ストックオプションの導入には、有償または無償や、税制適格か否かなどの専門的な知識が必要となります。上場審査の際にも必ず確認される事項なので、上場審査の知識や経験を持つ弁護士などにあらかじめ相談したうえで導入することが大切です。

　次に、**持株会**（または従業員持株会）は、従業員から会員を募り、給与から

天引きされた個人の拠出金にて株式を共同で購入して共有することで、会員の拠出額に応じて持ち分を配分する制度です。

　株価が低い上場準備の初期段階で設立することで、上場の際のキャピタルゲインを従業員と共有することができます。

　当社では、退職金制度の代わりとして、初めてベンチャーキャピタルからの投資を受けたときから持株会制度を導入していました。その結果、当初から持株会制度に参加してくれていた従業員は15年以上の長い期間の蓄積となり、上場時に大きなキャピタルゲインを手に入れることができました。

　資本政策を考えるとき、上場の喜びを従業員と分かち合えるようにストックオプションや持株会などのインセンティブについても考えていくとよいと思います。

■上場への道標

　本章の最後に、本書の大切なテーマでもある「上場への道標」について考えていきたいと思います。

　当社の創業から上場までを振り返り、「なぜ上場を実現できたのか」を繰り返し自問自答した結果、次の3つが大切であったのではないかという考えに至りました。

　⑴　「上場する、上場する」と言い続ける

　⑵　何度も何度も審査を受ける

　⑶　失敗しても失敗してもあきらめない

　これらの3つの内容について、具体的に説明していきます。

⑴　「上場する、上場する」と言い続ける

　まず、「当社は上場を目指しています」とハッキリと言葉に出して言うことです。

　私は、2002年3月6日に創業したとき、まだオフィスもなかったので道路脇のスペースにメンバーに集まってもらい、このように宣言しました。

「本日、営業創造株式会社が設立されました。将来は上場を目指していきたいと思います。ともに歴史を創っていきましょう。」

この日から社内ではもちろんのこと、社外の方々にも、「当社は上場を目指しています」と言い続けました。

創業したばかりで会社が存続できるか否かのときにもかかわらず、また周りの方々にも心の中でどのように思われていたのかはわかりませんが、そんなことはまったく気にせず、「上場、上場」と言い続けていました。

さらに、創業10周年の頃には、マンションの自分の部屋に神棚を設置して、その下に「株式上場」と書いた紙を貼り、毎朝必ず神棚に手を合わせ、願いを込めて「上場できますように」ときちんと声に出して参拝してから出社するようになりました。

毎日、毎日、欠かすことなく、声に出して神様にお願いしていました。

このように周りに言い続けることで上場を応援してくれる人が増えていき、

自室にある実際の神棚

自分に言い続けることで決意が高まっていきます。そうして言霊のように願い
は実現していくのです。

(2)　何度も何度も審査を受ける

「審査を受けるのが好きだ。」

こういう人は少ないのではないでしょうか。

むしろ、「審査」と聞くと、書類の作成が面倒だなとか、嫌なことを聞かれ
るのではないかとか、ネガティブなことを考える人が多いのではないかと思い
ます。実際、私もそう思っていました。

しかし、上場を目指していくうえでは、審査を受けることはネガティブなこ
とではなく、とても大切な成長の過程なのです。

実際に当社も数えきれないくらいの審査を受けてきました。創業時の融資の
審査に始まり、ビジネスプランコンテストでの審査、補助金を受けるための審
査、さらに投資を受けるための審査などなど、毎年たくさんの審査を受けてき
ました。

審査のたびにエントリーの書類を作成し、質問への回答を作成してきました。
そして、審査を受けるたびにさまざまな指摘を受け、ビジネスプランや質問へ
の回答がブラッシュアップされていきます。

この経験が上場審査のときにとても役立ちました。

短期間に膨大な量の書類を作成し、膨大な質問への回答を作成する上場審査
に対応できる力を身につけておくことになるのです。

融資も投資も補助金も、**すべての審査は上場審査への登竜門**だと思うと、審
査に対しての心の持ちようも変わるのではないでしょうか。

(3)　失敗しても失敗してもあきらめない

最後に、やはり一番大切なことは、「あきらめない」という一言に尽きるの
ではないかと思っています。

ありきたりの表現にはなりますが、何度も何度も失敗してもあきらめないこ
とです。

当社は、2002年3月に創業し、19年と4か月という長い年月を経て、ようや

く東証マザーズ上場を実現することができました。この間の道のりは、これまで述べてきたようにまさに山あり谷ありの苦労の連続でした。

　ベンチャーキャピタルから1億円を超える資金を調達して、ようやく上場準備を始めようと思った矢先、リーマン・ショックからの世界不況の影響を受けて上場どころか倒産の危機に陥り、なんとかそれを乗り越えて、今度こそ上場審査が始まると思えば、いろいろと問題が発生して、主幹事証券会社を変更することになる…。何度も何度も大きな壁にぶつかりました。

　しかし、それでも決してあきらめることなく上場に向け挑み続けたことが上場を実現できた一番の理由になるかと思います。

　これから上場を目指す皆さんが壁にぶつかり、悩んだとき、この「上場への道標」を思い出していただければ幸いです。そして、皆さんの上場が実現することを心から願っております。

あ と が き

　この「あとがき」にたどり着くまでに随分と長い時間がかかりました。本書の執筆を始めてから経営者として創業からの歴史を振り返り、中小企業診断士として学んできた経営理論を確かめながら、後世に残すべき言葉を一つずつ選び、書き続けてきました。

　2022年3月6日に、ＢＣＣ株式会社は創業20周年を迎えることができました。2002年3月6日、本当に何もないところからのスタートでしたが、今では売上高10億円、従業員数200名を超え、上場も実現することができました。

　この当社の創業から上場までの成長の歴史が、そのまま経営者としての私の成長の歴史ともいえます。これまで数多くの苦難があり、それを乗り越えて成長を続けることができたのは、共に努力を続けてきてくれた当社のすべての役員と従業員、そしてこれまでに出会った皆さまの温かい支援のおかげです。この場をお借りして心から感謝の意を伝えたいと思います。本当にありがとうございます。

　本書では、私が当社の創業から上場までの20年間の経営者としての経験と、100社を超える中小企業の審査や支援を行なってきた中小企業診断士としての知識のすべてを書き尽くしました。まさに私の人生の集大成といえるものです。

　少し大げさな表現に聞こえるかもしれませんが、本書を書き上げたことで私の人生に悔いはありません。
　もし、天命があるならば、私に与えられた天命は経営者として学び、本書を通じてその経験と知識を後世に残すことであると信じています。
　私の人生をかけた本書が、1人でも多くの経営者と未来の起業家のもとに届

き、一つでも心に残る言葉があれば望外の喜びです。また、これまで当社を支えていただいたすべての方々に改めて感謝の意を述べて、私の経営者人生の区切りとしたいと思います。

「勇往邁進」

この人生訓のとおり、つらく、苦しく、そしてとても幸せな経営者としての人生でした。

最後までお読みいただき、本当にありがとうございます。

【著者紹介】

伊藤　一彦（いとう・かずひこ）

ＢＣＣ株式会社（東証グロース市場、証券コード：7376）代表取締役社長、中小企業診断士。

1998年大阪市立大学（現・大阪公立大学）卒業、日本電気株式会社（NEC）入社。2002年営業創造株式会社を設立、代表取締役に就任。IT営業アウトソーシング事業を開始。中小企業診断士資格を取得し、バランス・スコアカードによる理論的経営を実践。2012年スマイル・プラス株式会社をグループに迎え、ヘルスケアビジネスに参入。2016年グループ3社を統合し、ＢＣＣ株式会社を設立、代表取締役社長に就任。2021年東証マザーズ（現・グロース市場）に上場。

著書：『【新訂3版】小さな会社にも活用できる！　バランス・スコアカードの創り方』（共著、同友館）、『ＭＢＡキャピタリストとベンチャー社長による　ベンチャーキャピタルからの資金調達』（共著、中央経済社）

起業の道 標
——上場までのストーリー

2023年9月25日　第1版第1刷発行

著　者　伊　藤　一　彦

発行者　山　本　　　継

発行所　㈱中央経済社

発売元　㈱中央経済グループ
　　　　パブリッシング

〒101-0051　東京都千代田区神田神保町1-35
電話　03 (3293) 3371 (編集代表)
　　　03 (3293) 3381 (営業代表)
https://www.chuokeizai.co.jp

印　刷／東光整版印刷㈱
製　本／㈲井上製本所

©2023
Printed in Japan